晓梅说商务礼仪

张晓梅 著

XIAOMEI TALKING
ABOUT BUSINESS ETIQUETTE

中国青年出版社

目录 CONTENTS

第一章 【日常见面礼仪】

DAILY MEETING

第二章【交流沟通礼仪】
CUMMUNICATION

第三章【电话邮件礼仪】
PHONE & E-MAIL

第四章【同事相处礼仪】
COLLEAGUE RELATIONSHIP

目录 CONTENTS

第五章 【商务往来礼仪】

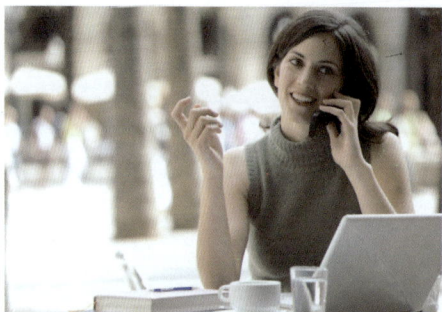

BUSINESS CONTACTS

第六章 【商务宴请礼仪】

BUSINESS DINNER

第七章 【商务出行礼仪】

BUSINESS TRIP

CHAPTER 1

日常见面礼仪

BUSINESS ETIQUETTE

一、问候：勤打招呼提升人气

打招呼或寒暄是沟通的基本。从幼儿时期开始，父母、老师就在教我们这项基本的礼貌。随着年龄增长，很多人反倒对此"视而不见"。

有人不重视打招呼，觉得天天见面的同事用不着每次看见都打招呼；而对于不太熟悉的人，又觉得打招呼怕对方认不出自己会造成尴尬；还有些人不愿意先向别人打招呼，他们总是想："我为什么要先向他打招呼？"打招呼，难道就那么难吗？

在欧美国家，见面打招呼是很自然的，即使是不认识的人也会热情地相互招呼，这是一种生活中的礼仪形式。不论什么人，面对有人微笑打招呼，通常都会受到感染，像是见到阳光，心情也跟着好起来。

上下班或迎接客户时都不妨适度打招呼。在走廊与同事擦身而过时，自己主动开朗地与对方打招呼或寒暄，无疑更能提升自身性象，也为自己增加好心情。

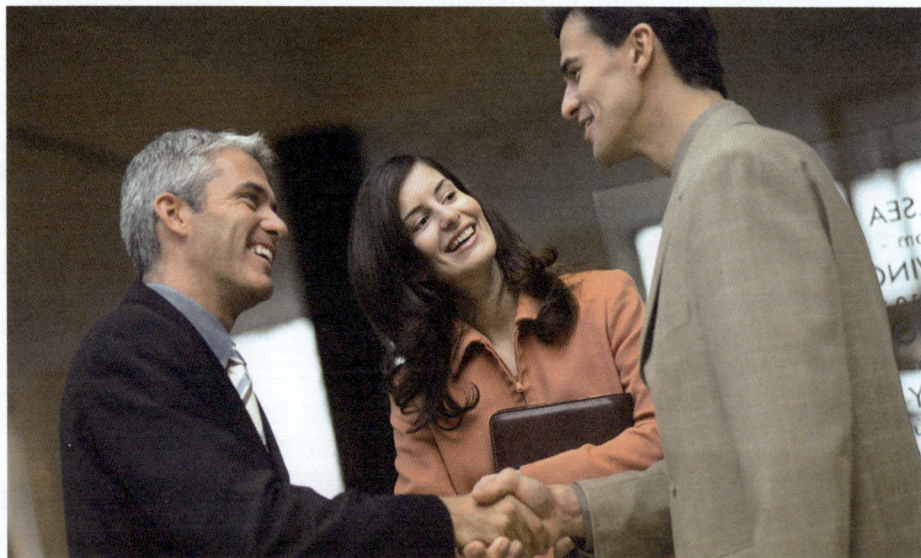

留下好印象的打招呼技巧

微笑

无论以哪种方式打招呼，都应该微笑，包括握手的时候。微笑本身就是打招呼的一种方式。打招呼时面带微笑，这样才会给人真诚的感觉，让人感觉你不是敷衍了事。

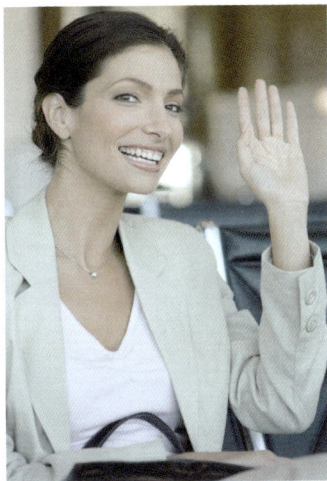

随时随地

随时随地勤打招呼是一门很重要的学问，如果在商务场合也能做到，会使你的人气指数倍增。比如，"我出门了""请小心慢走""我回来了""不好意思，请借过一下""您先请""不好意思，我先下班了"。

主动出声

"主动出声"是打招呼的完美必杀技。主动打招呼所传递的信息是："我眼里有你。"谁不喜欢自己被别人尊重和注意呢？永远记住，你眼里有别人，别人才会心中有你。有人认为，主动跟别人打招呼显得比别人低下，其实恰好相反，主动打招呼说明你有宽广的胸怀和积极的人生态度。从今天开始，见到单位的同事和上司，主动向他们打招呼："您好，小王！""您好，李总！"不久后，你就会给别人留下自信热情的印象。

毫不犹豫

想必大家都有过"偶然相遇，想打招呼却又不知该说什么才好"的经历，其实根本无须多想，尽管主动上前打声招呼，至于接下来的话题，就让它顺其自然吧。

看着对方的眼睛

与人打招呼时要把身体面向对方，看着对方的眼睛。如果正在走路，就停下脚步站着寒暄；如果在工作中，就停下手边的工作寒暄。

要特别关注被冷落的人

对于那些被冷落的人，一声主动的轻声问候对他们意义非凡。在商务社交场合，总会有一些参与者被冷落在一旁，此时，我们应当用主动的关心和问候去消除他们的尴尬。比如，在餐桌上，除了赞美老总之外，还要顾及司机，一句"师傅车开得很好"，会让司机开心，老总也会觉得你做事周全，因为"强将手下无弱兵"，赞美一个人的下属，其实也是变相地赞美这个人。

与人打招呼时要把身体面向对方，看着对方的眼睛。

灵活选择打招呼的方式

打招呼的方式多种多样，可以是微笑、点头、握手、招手、拥抱等。此外，亲疏程度和地域文化不同，打招呼的方式也不同。

在职场中，跟别人打招呼要根据当时的具体情况来决定打招呼的方式。

行走中

要停下脚步或者放慢行走速度。

在走廊上

在彼此交会时轻轻点头致意。

坐着时

微笑着点点头或者欠欠身都可以。

在室外

如果在室外相距一定距离跟同事打招呼，要微笑着向对方招手，或者说一声"您好"。一般来说，在街上打招呼，三四步的距离最合适。如果距离太远，就不要高声打招呼，微笑示意就好。

电梯里

在拥挤的电梯里，没有人说话，你最好也不要开口。若遇到同事向你打招呼或是目光相遇，应适时地点头、微笑、回应，视而不见是不可取的。

跟同事打招呼，要微笑着向对方招手。在街上打招呼，三四步的距离最合适。

特殊场合

在一些特殊场合，比如很多人的集会或者不便深入接触的时候，可以用招手的方式打招呼；在某些正式场合，依据文化习俗，可能还需要拥抱。

对方身旁有他人在场

当你在路上巧遇某人，而对方身边正好有他人在场时，建议你先观察一下情况，就算打了招呼也别拉着对方说个不停，也不要只说一句"您好"就呆站在原地和对方干瞪眼。如果遇到上司及其家人时，记住要向对方的家人问好，顺便说句赞美的话。

打招呼的顺序

男士应首先向女士致意，年轻人不管男女都应该先向长辈致意，下级应先向上级致意。两对夫妇见面时，女性先相互致意，然后，男士分别向对方的妻子致意，最后是男士间相互致意。

打招呼常用问候语

和别人见面打招呼时，最常用的问候语是"你好"，对长辈要用"您好"，这也是最简洁明了的打招呼方式。

中国人还有一些比较有中国特色的打招呼用语，例如见面时问："吃了吗？"其实这个问候语的意思并不是非要问对方"吃了没有，吃的什么"，而是表示"我看见你了，跟你打招呼呢"。这时简单地回应对方即可。但需要注意的是，在问候外国人时，不应当用这个中国人打招呼的惯用语，否则对方可能会不明所以。

对于好久不见的同事或朋友，可以说："好久不见，最近忙吗？"如果对方说"挺忙的"。你要注意接下来的回应。如果是关系比较好的同事，你可以进一步问："在忙什么？"如果是关系一般的同事，则不应该追问对方在忙什么，而应该说"那你要注意身体"之类关心和问候的话。

晓梅指津

打招呼被视而不见该怎么办

有朋友诉说了这样的情况：在写字楼电梯口碰上部门经理，她十分友好地跟经理点头问好，当时电梯口或许人太多，经理就像完全没看到她一样，朋友觉得很难堪。她想知道遇到这样的情况该如何处理，以后遇到这位经理还要不要打招呼呢？

　　打招呼被视而不见的尴尬时有发生。尴尬的产生是各自的礼仪准线存在差异。所以，如果尊重对方，就应该以对方的礼仪准线为基准，不要用自己的要求来评判别人的行为或用自己的低标准来对待别人。如果这样去想，你就不会太在意，也不会对"打招呼"这一良好的礼仪习惯感到质疑。经理没有回应你的问好，可能真的是因为他没有听到。下次再遇到这位经理，你就当事情从未发生过，继续愉快而真诚地向他打招呼吧。

二、赞美：发自内心体现诚意

　　我们需要别人的赞美，就像我们需要空气、食物和水一样。我们期待别人的赞美，不喜欢被别人责备，但往往我们给出去的赞美很少，责备很多。也因为这种不平衡，

导致许多摩擦发生，影响到人际关系，更降低了沟通效率。愿意赞美他人，并且能平和地接受他人的赞美，是社交中的重要礼仪，它表现了一个人的坦荡胸怀和积极的生活态度。

赞美的基本原则

赞美重点

即使是不太熟悉的人，只要多加观察也可从"气质""时尚""品位"等方面给予赞美。而一些无法由外在表现得知的部分，如"知识""家族""工作""经验""想法"等，则必须有一定程度的了解，才能从这些方面赞美对方。

间接赞美

与其直接称赞对方所使用的东西或从事的职业，倒不如间接称赞对方"你真会选！""你真有品位！"这种赞美对方品位或努力的话，更能使对方开心。只要仔细观察和倾听，即可发现对方的变化或花费了心思的地方，比如"你换新发型了？这个发型真好看，很适合你！"

发自内心

任何不是发自内心深处的东西，如果只是习惯性地使用，终究会使自己的心灵受累。当我们能够体验到来自内心深处对他人真诚的关爱时，我们对他人的赞美就会显得恰如其分、自然而然，对方也能够感受到你对他真诚的关怀，而不会给人虚假和牵强的感觉。

我们在称赞某人时，不妨多说一些形容词或感想。例如跟同事说："你做的菜真好吃！"再加上"如果可以的话，能教教我吗？"这样会让对方觉得你的称赞很有诚意。

赞美行为而非个人

如果对方是厨师，千万不要说："你真是了不起的厨师！"他心里知道有更多厨师比他优秀。但如果你告诉他，你一周有一半时间会到他主厨的餐厅吃饭，这就是非常高明的恭维。

通过第三方表达赞美

当对方经由他人间接听到你的赞美时，会比你直接告诉他本人有更多惊喜感。相反，如果是批评对方的话，可别通过第三方告诉当事人，避免当事人尴尬或第三方添油加醋。

大方接受他人赞美

笑脸回应

得到他人的赞美时，尽量不要回答："没有啦！""还好啦！"或"您过奖了！"等过度表示谦虚的话。最好开心

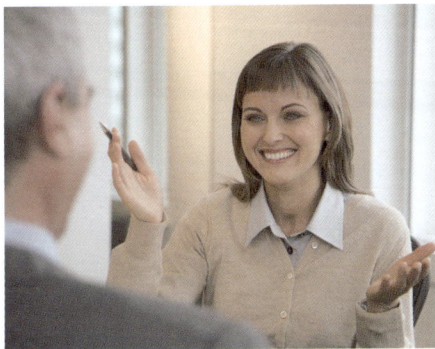

地接受赞美并回应道："谢谢您的夸奖！"或"其实我真的没那么好啦！不过听到您这么说，让我更有信心了！"注意语气和缓，切勿表现出自傲的感觉。有些人会回答："我哪里比得上您呢！"乍听之下似乎是在赞美对方，却有可能造成"说者无心，听者有意"的相反效果，所以直接道谢即可。若是被上司或长辈赞美，则可回道："可以被您夸奖令我深感荣幸！"或"全都是托您的福！"

勿直话直说

有时，太过直接的回应并不是一件好事。举例来说，对方说："你这件衣服真好看！""是吗？这件衣服已经很旧了，我还在想是不是该丢掉了呢！"虽然这么回应并无大碍，却会让对方不知如何接话而造成尴尬的场面。

三、道谢：真诚感恩赢得人心

从懂事时起，我们最早接受的礼仪用语教育就是说"请""谢谢""对不起"。

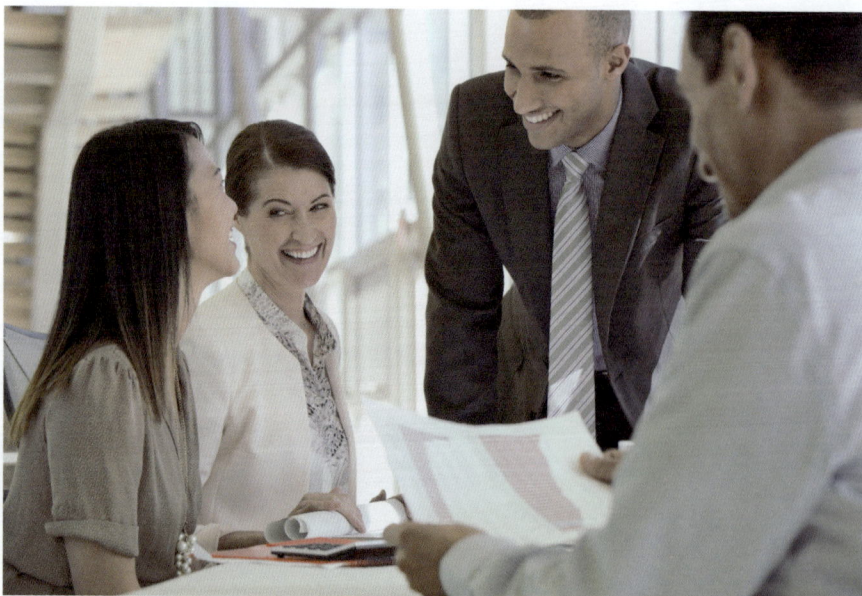

这几个字听起来简单，日常说话中好像也没有人留意它们，但是，如果在商务场合忽略了这些交谈中的神奇短语，那你可能会遇到不少麻烦。

在交往中，如果有人忘了说"谢谢"这两个字，你可能会听到这样的批评："我为她做了这么多事，可她连声谢谢都不说！"虽然没有特别的规则要求你必须道谢，但是有些场合你最好还是不要忘了说声"谢谢"。心存感激是最细腻的礼仪形式。

道谢的基本原则

得体道谢有讲究

我曾经看过一篇讲道谢的艺术的文章，作者提到，在很早的记忆中，母亲就告诉他："阿婆给你饼子吃时，你不要匆忙说'谢谢你'，你应该先闻一下或咬一口，说声'真香'或'真好吃'，然后抬起头来，向阿婆道谢。"

向人道谢的第一个重要原则是，先肯定对方帮助行为的价值。让他知道，他的行为是别人所迫切需要的，是确实起到作用的。只有对方了解了自己行为的真正价值，他才能安心地接受你的谢意。

懂得对方付出的努力和代价

做好人好事之所以难能可贵，是因为"利人"大多要在"损己"的前提下进行。助人者在精力上、财力上、时间上都难免要做出牺牲。许多人在感谢别人帮助时，往往偏重的是助人者"利人"的一方面，而忽略了其"损己"的一方面。

有效的感谢要善于根据具体环境、具体对象，发掘出"利人"背后的"损己"内容。假设某人捡到一只钱包，经过寻找交还给失主。失主在感谢时就可以这么说："让您花了这么长时间，一定耽误了您的事情，要紧吗？您看我能为您做些什么？"

得体道谢的注意事项

真诚表达内心的谢意

当别人给予我们帮助时，直接说声"谢谢"比客套地说"给您添麻烦了"来得更恰当。

应表达谢意的时候，就坦率地说出来。为使被感谢者感受到你的谢意，务必要做到认真、诚恳、大方。说话清晰，直截了当，如果在道谢时含混不清、犹犹豫豫，很容易让对方感到不真诚。在表示感谢的同时，要正视对方的眼睛，面带微笑，必要时，还须专门与对方握手致意。

再多几遍也无妨

多说几次"谢谢"也无妨，但是道谢的时机要趁早。简单的两个字不但能让你心情愉悦，也能使周遭的人感染愉快气氛。道谢的话要尽早说，如果错过了当下即时向对方道谢的良机，事后也别忘了找机会好好表达谢意，这时不妨再多说一句："不好意思，拖到现在才跟您道谢。"

点明对方姓名

"这是您特地为我挑选的，我一定会好好珍惜！真是谢谢您，李先生！""马小姐，我专门来跟您说一声'谢谢'。""许总，多谢了。"像这样直截了当、特地点明向某人道谢的方法，也是向对方表示谢意与好感的好方法。越是正式的场合，越应该这样做。

说明致谢理由

表示感谢，有时还有必要顺便提一下致谢的理由。比如"易先生，谢谢上次您在制作广告方面的帮助"，免得对方感到你的谢意很空洞或"茫茫然不知所措"。

道谢不一定用语言

在一些不适宜"发声"的场合，你可以用感激的眼神，配合点头、鞠躬等动作来表示谢意。在特别要好的朋友之间，无言的感谢往往也能起到很好的作用。用对方最能接受的方式表示感谢，也是对他人的尊重。

适宜的道谢方式

在道谢方式上，有口头道谢、书面道谢、打电话道谢，托人道谢之分。

一般来讲，当面口头道谢效果最佳。专门写信道谢，如获赠礼品、赴宴后这样做，也有很好的效果。比如，当你收到礼物或是受邀享用大餐后，可以写张感谢卡向对方表达谢意。另外，还可以打电话道谢，时效性更强一些，且不易受干扰。托人道谢，效果就差一些了。还有一种表示感谢的方式，就是当曾经帮助过你的人向你寻求帮助时，如果是能力所及的事，不要推托，尽力帮助对方。

四、倾听：会听比会说更重要

有人说："人为什么有两只耳朵一张嘴？那是因为上帝造人的时候让我们少说多听。"这话很有点意思。我国古代也有"愚者善说，智者善听"之说。也就是说，人际交流的效果好与坏，更多地取决于听者这一方。听，可以从对方的谈话中获得必要的信息，领会主要的意图。如果不能认真地聆听，就无法了解和满足对方的需求，和谐的人际关系也只能是空谈。而且，聆听本身还是尊重他人的表现。因此，我们应充分重视倾听的作用，讲究倾听的方式，追求倾听的艺术。

倾听的姿态

倾听时应注意自己的姿态，不应该流露出不耐烦或心不在焉的情绪，这样会伤害对方的自尊。在听对方说话时，正确的做法是目视对方，以示专心。专注的目光表示你在认真聆听，对说话者来说也是一种尊重和鼓励。

积极的姿态

当你坐在桌边时，一定要留心自己的坐姿：身体略微向前倾斜，与椅背成"V"

1. 积极的倾听姿态。
2. 消极的倾听姿态。

字形。这样能够自然而然地集中注意力，并显示出你的专注。

积极的眼神

你可以通过很多姿态"伪装"出对他人的谈话感兴趣，但眼神却不行。因为眼神会流露出我们真实的情感。如果我们感到兴奋、开心或是心情愉悦，眼睛会睁得很大，瞳孔也会放大；但是如果感觉不开心或是生气的话，瞳孔就会缩小。所以，要做一个好的倾听者，你必须调动自己的真实情绪，让自己变得积极起来。

倾听时的得体交流

不打断他人谈话

在对方阐述观点时，应该认真地听完，并真正领会其意图。许多人在听的过程中，一听到与自己意见不一致的观点、自己不感兴趣的话题，或者因为产生了强烈的共鸣，就禁不住打断对方发表自己的意见，致使他人思路中断、意犹未尽，这是不礼貌的表现。当别人正讲在兴头上时，不宜插话，如必须打断，应适时示意并致歉后再插话，插话结束时，要立即告诉对方"请您继续讲下去"。

提出恰当的问题

能提出恰当的问题是一个好的倾听者的标志，这往往说明你是真正对对方感兴趣。在听的过程中，应当认真思考并提出有针对性的问题。

适当地回应

在交谈中，我强调在对方说话时目视对方、认真专心地去听，并不是让聆听者完全被动地、默默地听。经验告诉我们，在说话时，如果对方面无表情、目不转睛地盯着自己看，会使说话者怀疑自己的仪表或讲话有什么不妥之处，并感到不安。

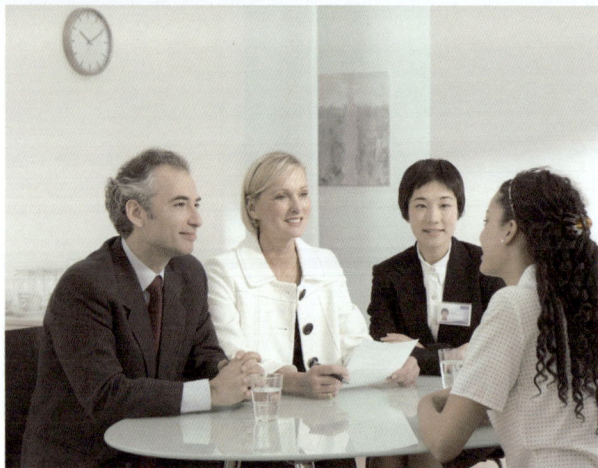

因此，为使对方感到你的确在听而非发呆，可以根据具体情景，或微笑，或点头，或发出"哦""嗯"的应答声，甚至可以适时插入一两句提问，例如，"哦，原来是这样，那后来呢？""真的吗？"这样就使双方形成心理上的某种默契，使谈话更为投机。

用心去体会

最高形式的倾听是需要感情投入的。我们应该站在对方的角度去体会对方的感受，试着根据对方的观点来考虑事情。大多数人听别人讲话不是带着理解对方的意图，而是一味地想把自己的观点加诸对方，在对方还没有阐述完想法和意见的时候就开始发表自己的意见，这说明你没有真正留心听对方的话，也没有理解其中的含义。这样的倾听，不能产生良好的互动，也是一种失礼的行为。

五、握手：传达积极友好信号

据说握手是远古流传下来的一种交流方式。相传在刀耕火种的年代，人们经常拿着石头或棍棒等武器，陌生人相遇，双方为了表示没有敌意，便放下手中的武器，伸出手掌，让对方抚摸掌心。久而久之，这种习惯便逐渐演变为握手，尤其是在初

次见面时, 握手是惯用的问候方式。在现代社会, 握手还是一种颇有讲究的社交技巧。

　　海伦・凯勒曾说: "我接触的手, 虽然无言, 却极有表现力。有的人握手能拒人千里之外, 我握着冷冰冰的手指, 就像和凛冽的北风握手一样。而有些人的手充满阳光, 他们伸出手来与你相握时, 你会感到很温暖。"由此可见, 握手传递的信息是何等丰富。

握手的次序

基本原则

　　根据礼仪规范, 握手时双方伸手的先后次序, 一般应当遵循"尊者居前"的原则,即应由尊者首先伸手。在商务场合，握手时伸手的先后次序主要取决于职位、身份。而在社交、休闲场合，则主要取决于年龄、性别、婚否。

主人有向客人先伸出手的义务

宾客之间握手，主人有向客人先伸出手的义务。在宴会、宾馆或机场等场合接待宾客，当客人抵达时，不论对方是男士还是女士，女主人都应该主动先伸出手。男主人因是主人，尽管对方是女宾，也可先伸出手，以表示对客人的热情欢迎。而在客人告辞时，则应由客人首先伸出手来与主人相握，在此表示的是"再见"之意。请记住，握手是我们在见面和道别时用来表情达意的一种方式，也是我们与他人签署合同或协议时做出承诺的象征，所以，我们应该积极主动地伸出手，让对方感觉到我们手心的温暖和友好。

晚辈要等长辈先伸手

长幼之间握手，晚辈一般要等长辈先伸手。和长辈握手，不论男女，都要起立趋前握手，并要脱下手套，以示尊敬。

下级要等上级先伸手

上下级之间握手，下级要等上级先伸出手。但涉及主宾关系时，可不考虑上下级关系，做主人的应先伸手。

一个人与多人握手

若是一个人需要与多人握手，握手时则应讲究先后次序，由尊而卑，即先长辈后晚辈，先老师后学生，先女士后男士，先已婚者后未婚者，先上级后下级，先职位身份高者后职位身份低者。

并非每次见面都需要握手

在某些情况下，在伸出自己的手之前，我们应该想一想：我现在伸手，向他人发出握手的邀请合适吗？对方是会高兴地与我握手，还是迫于无奈而勉为其难呢？

对于销售人员而言，当你在未经预约或被邀请的情况下与客户见面时，如果想以主动握手的方式来表示友好与真诚，那么结果可能会适得其反。因为客户可能并不欢迎你的到来。在这种情况下，建议你等待对方主动伸出手来。假如对方没有任何握手的意思，你最好用点头致意的问候方式来代替握手。

主动握手的职业女性更能获得好感

一般来说，男女之间握手，男士要等女士先伸出手后才握手。如果女士不伸手或无握手之意，男士只需向对方点头致意或微微鞠躬致意。男女初次见面，女方可以不和男士握手，点头致意即可。但是在商务场合也有例外。调查发现，主动伸手发出握手邀请的女性，在大多数国家和地区，通常会被认为是谦虚、思想开明的成功女性，并给人留下较好的第一印象。

握手的方式

握手的标准方式

握手时，双方距离大约以 1 米为宜，双腿立正，上身略向前倾。

手掌和地面垂直，手指尖稍稍向下，从身体的侧下方伸出右手。

手肘不能太弯曲，应自然大方地尽量把右手向前伸。

伸出的手不宜抬得过高或太低，太高显得轻佻，太低又不容易使对方注意到。

1. 握手时，双方距离以 1 米左右为宜，双腿立正，上身略向前倾。神态专注，双目注视对方，微笑致意。
2. 伸手时，四指并拢，拇指张开，以手掌与对方的手掌相握（拇指根部相抵）。
3. 握手时用力适度，上下稍稍晃动 1~3 次。

伸手时，四指并拢，拇指张开，再以手掌与对方的手掌相握（拇指根部相抵）。握手时应用力适度，上下稍稍晃动 1~3 次，随后松开手来，恢复原状。

神态

与人握手时神态应专注，表现得热情、友好、自然。双目注视对方，微笑致意或问好。切勿显得三心二意，漫不经心，傲慢冷淡。如果迟迟不握他人早已伸出的手，或是一边握手，一边东张西望，甚至忙于跟其他人打招呼，都是非常不礼貌的。

力度

握手时用力应适度，不轻不重，恰到好处。如果手指刚刚触及就离开，或是懒懒地、慢慢地相握，缺少应有的力度，会给人勉强应付、不得已而为之的感觉。一般来说，手握得紧表示热情，男性之间可以握得较紧。但不能握得太使劲，使人感到疼痛。对女性或陌生人，轻握是不礼貌的，尤其是男性与女性握手应热情、大方、用力适度。一般来说，职业外交官的最佳握手力度在两公斤左右。

时间

握手的时间应根据与对方的亲密程度而定，一般以 1~3 秒为宜，如果是表示鼓励、慰问，而且又是熟人的情况下，时间可以稍微延长，但最长也不应超过30 秒。

商务交往中的握手技巧

通过握手这一动作，你感受到了对方于不经意间传递过来的一些微小信号，从而对对方有了一个初步的印象。同样，对方在同一时刻也对你做出了初步评价。评价大致分为以下三种。

强势：他有强烈的控制欲望，并且想将我也纳入他的控制范围，我得提防他。

弱势：我完全可以掌控这个人，他一定会按照我的要求去做的。

平等：和这个人在一起，我觉得很舒服。

表示优势地位的握手方式

我们可以在与他人握手时将手掌翻转，使自己的手心略微朝下，从而给对方制造出一种强势的感觉。在这一动作中，你并不需要将手掌翻至完全水平朝下的位置，你只要将对方的手稍稍压低，使自己的手掌始终位于他的手掌之上就行了。如此一来，对方就会感觉到你希望成为这次会谈中操控全局的人。

表示恭顺、歉意的握手方式

假如你希望让对方掌握控制权，或是想让对方觉得你愿意服从于他，或者向对方表示歉意，可以在握手时将手掌稍翻转过来，手心略微向上。这样就意味着你主动让出了优势地位，将控制权交到对方手中。

表示平等、尊重的握手方式

双方的手掌均保持垂直于地面的姿势，力度适中地相握。这样的握手方式会给双方带来一种相互平等、互相尊重的感觉。

握手的注意事项

握手的力度与对方保持一致

在商务场合，你可能会需要与多个人握手。假如你希望和对方建立和谐平等的关系，就必须配合不同的握手对象调整握手的角度和力度。也就是说，如果我们将握手的力度分为1~10个等级，你握手时的力度达到了7级，而对方却只有5级，那么，你就必须减少2级的力度；假如对方的力度达到了9级，你就需要增加2级的力度。

握手时赞扬对方

握手时的寒暄是非常重要的，在与对方握手的时候，可以表示一下关心、问候或赞扬。握手时双方距离很近，对方的衣着服饰可以尽收眼底，如果你用心观察，肯定会有某一方面值得你赞扬。而每个人又都有自己特别注重修饰的地方，握手时对这些加以赞美，双方会因此拉近心理距离。

女性在工作场合应避免过于温柔的握手方式

在某些社交场合，有些女性会在与男性握手时特意采用一种轻柔的握手方式以表示优雅。这是她们彰显女性特质的一种方法。但是，在商务会谈或谈判中，这样的握手方式却会给商务女性带来负面影响，因为温柔的握手很可能会使男性忽略了女性作为商业合作伙伴的身份。所以，职业女性如果希望自己赢得与男性平等的地位和影响力，就应当尽量避免过于温柔的握手方式。

老友相逢可用双手迎握

有时为表示特别尊重或老友重逢时，可用双手迎握，即用双手握住对方的一只手。当你用的双手握住对方的手时，双方之间眼神的交流就变得很自然，于是，真诚的微笑便不知不觉爬上嘴角。这时，你大声地呼唤对方的名字，关切地询问对方的近况，你与对方的距离在一瞬间被拉近了。采用这种握

为表示特别尊重或老友重逢时，可用双手握住对方的一只手。

手方式不仅可以达到拉近双方心理距离的目的，而且可以通过牢牢握住对方的右手而限制对方权力的延伸。有时候，人们会把这种握手方式称为"外交家的握手"。采用这种握手方式的人通常想给对方留下一个诚实且值得信任的好印象。不过，假如对方是刚认识的人，那就有可能适得其反，会让对方怀疑你此举的动机。双手迎握适用于有感情基础的双方。此外，异性之间最好不要采用这种握手方式。

什么时候不该与人握手

如果遇到以下几种情况，则不适宜握手：对方手部有伤；对方手上提着重物；

对方正在忙于其他事，如打电话、用餐、主持会议、与他人交谈等；对方与自己距离较远；对方所处环境不适合握手。如果自己的手是脏的，可以不与对方握手，但要及时说明原因并诚恳表示歉意。

握手的禁忌

遇见身份高的领导，应有礼貌地点头致意或表示欢迎，不要主动上前握手，只有在领导主动伸手时，才能上前握手问候。

◎ 不要用左手与他人握手。

◎ 不要在握手时争先恐后，而应当遵守一定的规则秩序，依次而行，切忌交叉握手。

◎ 不要戴着手套握手，在社交场合女士的晚礼服手套除外。

◎ 不要在握手时戴着墨镜，只有患有眼疾或眼部有缺陷者才能例外。

◎ 不要在握手时将另外一只手插在衣袋里。

◎ 不要在握手时点头哈腰、滥用热情，显得过分客套，让对方不自在、不舒服。

◎ 不要在握手时把对方的手拉过来、推过去，或者上下左右抖个没完。

◎ 不要在与人握手后立即揩拭自己的手掌，好像与对方握一下手就会使自己受到传染似的。

◎ 如果你的手经常冰冷，不妨把手放进口袋或双手自握暖和一下，尽量不要让对方握住一只冰冷的手。

CHAPTER 2

交流沟通礼仪

BUSINESS ETIQUETTE

一、介绍：做好双方的桥梁

　　介绍是商务活动最常见、也是最重要的礼节之一，它是初次见面的陌生双方开始交往的起点，起到了桥梁与沟通作用，几句话就可以缩短人与人之间的心理距离，为进一步交往开个好头。商务场合的介绍和一般社交场合的介绍存在着非常多的差异，在实际运用时，还要针对纷繁复杂的情况进行应变。

　　举一个简单的例子：假如你正在和一位潜在的新客户以及一位长期合作的老客户谈话，你公司的领导走过来向这两位客人打个招呼以表敬意。虽然老客户和公司已经有常年的生意往来，但是领导却从未见过他。同时，你也很想把这位未来的潜在客户介绍给领导。你应该先介绍谁呢？

　　我想，应该首先介绍那位潜在客户。虽然忠实的老客户明显更为重要，但为了表示尊敬，还是应该先向领导介绍新客户，再介绍老客户，最后再向两位客户介绍领导。稍后一定要感谢老客户的体谅。

　　了解这些具体细节对于商务人士来说非常重要。因为自信、得体、适当的介绍能够为双方未来的商务关系奠定一种基调，同时也能充分展现介绍人的风采和处事能力。

商务性介绍的流程

介绍前的准备

　　介绍前尽量征求一下被介绍双方的意见，在开始介绍时再打一下招呼，切勿走过去开口即讲，显得突如其来，让被介绍者措手不及。被介绍者在介绍者询问自己是否有意认识某人时，应欣然表示接受，不宜扭扭捏捏、加以拒绝，实在不愿意时，则应说明缘由。一般来说，不宜介绍职位身份过于悬殊的人互相认识。

说出最重要客人的姓名

　　应该先说出长辈或职位较高者的姓名，如"某某先生"或"某某女士"。

说出介绍词

正式场合的介绍词

在正式场合，介绍词也较郑重，一般用"……请允许我向您介绍……"的句式。

非正式场合的介绍词

在普通场合可随便些，可用"让我介绍一下""我来介绍一下""这位是……"的句式。

说一些能带动双方交流的话题

可以提一些双方的共同点，例如所学的专业、所从事的行业或共同的兴趣爱好等。

例如，"刘先生，请允许我向您介绍朱女士。刘先生正在考虑使用我们公司的服务，朱女士是我们新上任的资深营销副总裁。据我所知，你们二位都是高尔夫球的忠实爱好者。"

如果是业务介绍，必须先提到组织名称、个人职位等。例如："我来给两位介绍一下。这位是 A 公司的公关部主任李芳女士，这位是 B 公司的总经理汪洋先生。"

介绍人的礼仪

在商务交往中，介绍人一般由社交活动中的东道主、社交场合中的长者、商务家宴中的女主人、公务交往活动中的公关人员担任。

介绍人的职责

一位成功的介绍人，会通过得体的遣词造句，理清当前情况，拉近双方关系，以慎重而专业的介绍形式凸显此次介绍的重要性，并确保双方顺利地开始交谈。

介绍人所站的位置

最重要的来宾应该站在介绍人的右边。这样的站位非常重要，需要你花一点心思来安排。调整自己的位置就是在告诉在场宾客，你非常了解介绍的礼仪，愿意尽最大的努力来表达自己对对方的尊敬，并进行得体的介绍。单单这个小动作，就能为你的形象加分。

介绍时的手势、表情、声音

介绍时用手掌自然地指向被介绍者，不能用手指去指。要面带微笑，表情热忱，目光正视被介绍者。介绍姓名时，一定要口齿清楚，发音准确。把易混的字咬准，如"王"和"黄"、"刘"和"牛"等；对同音字、近音字要加以解释，如"邹"和"周"、"张"和"章"、"徐"和"许"等。

1 2

1. 介绍人用手掌自然地指向被介绍者，最重要的来宾站在介绍人的右边。
2. 介绍人不能用手指去指被介绍人。

介绍时应使用尊称

在商务场合，除非遇到特殊情况，一般都称女性为"女士"，称男士为"先生"。如果对方拥有某种应该享受尊称的学位或身份，如博士、教授或校长等，应该称呼他的身份，如"某某博士"。

介绍方式必须保持一致

得体的介绍就如一架天平，需要保持适当的平衡。如果我们对其中一位使用了尊称，对另一位也应如此，否则就会无意间贬低其中一个人的身份。如果有一方的确没有适合的尊称，只要你确定对双方采取的介绍方式是一致的，就不会有什么问题。

把握介绍的分寸

在为他人作介绍时，介绍人对介绍的内容应当字斟句酌，掌握分寸，还要注意实事求是，切勿胡吹乱捧。

在一般的社交场合，介绍内容往往只有双方姓名一项，甚至可以只提到双方姓氏。接下来，则由被介绍者见机行事。如，"我来介绍一下，这位是老张，这位是小王，你们认识一下吧。"

在比较正式的场合，介绍人常常有备而来，有意将某人引荐给另一个人，因此在介绍内容方面，通常会对前者的优点加以重点介绍。如，"这位是李明先生，这位是我们公司的林楠总经理。李先生是一位管理方面的专业人士，他还是北大的MBA，林总我想您一定很想认识他吧！"

被介绍人的礼仪

专注、有礼

被介绍的双方应面含微笑，大大方方地注视介绍人或对方，神态庄重专注。

起身、握手、问候

除长辈或位尊者之外，当介绍人介绍完毕后，被介绍双方应起身并依照礼仪顺序握手，彼此问候对方。此时的常用语有："你好""很高兴认识你""久仰大名""认识你非常荣幸""幸会，幸会"，等等。必要时还可作进一步的自我介绍。

记住对方的姓名

在商务场合中准确记住对方的姓名是一项基本技能。别人介绍新朋友给你认识时一定要集中注意力听取对方的姓名。如果你没有听清楚，可以说："抱歉！我没有听清楚，请你再说一次好吗？"如果介绍人重说一遍，你还是没听清楚，可以直接对被介绍人说："真抱歉，我还是没有听清楚，请您告诉我是哪个字？"要记住，你关注对方的姓名，对方会非常开心，因为这表示你对他的尊重。有些姓名实在很难记，即使他说出了那个字，你可能还是无法重复，这时候可以说："你的名字很特别，我想记住，我可不可以写下来？"

还有一个办法可以帮助你记住对方的姓名，就是在介绍之后的相互问候中，立刻重复对方的姓名，如"你好，张志雄先生"，而不是只说"你好"。当谈话结束时你可以在离开时再次提到对方的名字，这样做会给对方留下很好的印象。

商务介绍的次序

先将职位低的介绍给职位高的

在商务场合，要先将职位低的介绍给职位高的。如，"王总，这位是 A 公司的总经理助理刘女士。"注意先提到的是王总，这是因为王总的职位高于刘女士，尽管王总是一位男士，但仍不先介绍他。注意在介绍的过程中，被介绍者的名字总是后提。

先将晚辈介绍给长辈

当被介绍双方的职位都差不多时，可以用年龄来决定介绍的先后顺序。把晚辈引见给长辈，以示对长辈的尊敬。如，"王教授，请让我来介绍一下，这位是我的同学张明。"

先将男士介绍给女士

优先考虑被介绍双方的年龄差异，通常适用于同性之间。在异性之间的介绍中，即使男士年龄较大，也应该先将男士介绍给女士，这是"女士优先"精神的体现。唯有在女士面对尊贵人物时，才允许有例外。例如，介绍王先生与李小姐认识，介绍人应当引导王先生到李小姐面前，然后说："李小姐，我来给你介绍一下，这位是王先生。"

先将未婚女性介绍给已婚女性

这条标准仅仅适用于对被介绍人知根知底的前提之下。要是拿不准，还是不要冒昧行事。如，"张太太，让我来介绍一下，这位是李小姐。"注意，当介绍人无法辨别被介绍人是否已婚时，则不存在先介绍谁的问题。但也有例外，如果未婚的比已婚的大得多，则应遵照先将晚辈介绍给长辈的原则。

先将晚到的客人介绍给先到的客人

在聚会或会议中，如果有客人晚到，应该先将晚到的客人介绍给先到的客人，以示对先到者的尊重。

先将个人介绍给团体

当一个新人与该团体的成员初次见面时，介绍他与众人一一相识太费时间，此时往往采取这种方式来避免麻烦。如果想认识团体中的每个成员，再留待适当的时间相互作自我介绍。如果新人是一位长者，可以先说出这位长者的名字，然后邀请在座的人一一报出自己的姓名和头衔。

集体介绍时的顺序

在被介绍双方的地位、身份大致相似，或者难以确定时，应当先介绍人数较少的，后介绍人数较多的。

若被介绍人在地位、身份之间存在明显差异，特别是当这些差异表现为年龄、性别、婚否、职位差异时，身份为尊的一方即使人数较少，甚至仅为一人，仍应最后再加以介绍。

若需要介绍的一方人数不止一人，可采取笼统介绍的方法介绍，例如，"这是我的家人""他们都是我的同事"，等等。但最好还是要对他们一一进行介绍。

不同介绍场合的注意事项

宴会中

这种场合会有很多人走过来与你攀谈或介绍他人给你认识，这时你一定要站起身来表示尊重，同时感谢对方介绍你们认识。

办公室中

如果介绍是在办公室中进行，你需要从办公桌后面走出来，和对方握手。许多人都忘了这一点，只是从办公桌后伸过手来，两人之间仍然隔着障碍物。

户外

一定要记住摘掉太阳镜或手套。如果在某些情况下你需要戴着太阳镜，最好在介绍的时候先摘下太阳镜和对方有直接的目光接触，介绍完后再戴上。

自我介绍

在商务场合，遇见对方不认识自己，自己有意与其认识，而又没有他人从中介绍时，往往需要自我介绍。

自我介绍的要求

自我介绍时，要及时清楚地报出自己的姓名和身份，态度大方自然。可以先面带微笑地看着对方说声："您好！"以引起对方的注意，然后报出自己的姓名和身份，并简要表明结识对方的愿望或缘由。

进行自我介绍一定要力求简洁，尽可能地节省时间，介绍以半分钟为佳。

自我介绍时语气要自然，语速要正常，语音要清晰。态度自然、友善，要充满信心，正视对方的双眼。

进行自我介绍时所表述的各项内容，一定要实事求是，真实可信。没有必要过分谦虚，也不可自吹自擂，夸大其词。

作完自我介绍后，对方也应作相应的自我介绍，这才是礼貌的。请他人进行自我介绍时要注意避免直言相问，如"你叫什么名字"，应该尽量客气一些，如"请问尊姓大名""您贵姓""不知怎么称呼您""您是……"等。

不同场合、环境的自我介绍方式

应酬式的自我介绍

这种自我介绍的方式最简洁，往往只包括姓名一项即可，如，"您好！我叫谢玲。"它适合于公共场合和一般性社交场合，介绍对象主要是一般接触的人。

工作式的自我介绍

工作式自我介绍的内容，包括本人姓名、供职的单位及部门、担任职务三项。如，"我叫唐可，是大秦广告公司的公关部经理。"

交流式的自我介绍

也叫社交式自我介绍或沟通式自我介绍，是一种刻意寻求进一步交流沟通，希望对方认识自己、了解自己、与自己建立联系的自我介绍，适用于社交活动中。大体包括本人的姓名、工作、籍贯、学历、兴趣以及某些熟人的关系等，如，"我叫王华，是洁润公司副总裁。10 年前，我和您先生是大学同学。"

礼仪式的自我介绍

这是一种表示友好敬意的自我介绍，适用于讲座、报告、演出、庆典等正规场合，以示自己对来宾的尊敬。如，"女士们、先生们，大家好！我叫宋玉，是精英文化公司的部门经理。值此活动之际，谨代表本公司热烈欢迎各位来宾莅临指导，谢谢大家的支持。"

问答式的自我介绍

即针对对方提出的问题，做出自己的回答。这种方式适用于应试、应聘和公务交往。

如何化解介绍时的尴尬

忘记别人的名字

在为他人作介绍时，能准确无误地说出双方的姓名、职务等信息，是非常重要的。但有时难免会发生想不起某人姓名的情况，这时可以用一些方法来化解。一般正式的宴会上，每位嘉宾会有名牌，如果忘了，可以看一下名牌。如果是非正式场合，又比较了解被介绍者，可以用幽默的口气说："这位是业界著名的帅哥，就让他自己作一下自我介绍吧！"在那种场合，被介绍人会很快领会你的意图，加以配合。你也可以选择如实相告，以诚恳的语气说："真是抱歉，我一时想不起你的名字。"客气地请对方再说一次他的名字。如果对方连名带姓说出来，你也可以说："我记得您姓陈，但不清楚您的名字是陈刚。"此外，你还可以问对方他通常喜欢别人怎么称呼他，这样一来，你就有机会知道他的名字了。

被人忘记名字

记名字的确是一件比较困难的事情，尤其是在人数众多的商务聚会中。因此，别人也很有可能忘记你的名字，对此你应该反应机敏一些。如果察觉到有人想从你的口中知道你的名字，最好不动声色地配合，清楚地说出自己的名字，同时提供一些可供联想的线索，帮助对方记住你的名字。

被介绍人遗漏

假如介绍人在介绍一位重要嘉宾给大家认识时，唯独粗心漏掉了你，没有把你介绍给这位重要嘉宾，该怎么办呢？遇到这种情况肯定是介绍人的失礼，不过你可以以灵活的方式来弥补这个疏漏。可以等待适当的机会，例如，与这位重要嘉宾眼神交会时简明扼要地作自我介绍，态度要自信、温和而专业。

不清楚重要人士随行同伴的身份

假如重要人士到达时，突然带来一位女伴，而这位女伴的身份以及两人之间的关系你也不太清楚，不知应该如何介绍这位女士。你可以找一位双方都很敬重的友人来提供帮助。当然，最好的办法是在介绍前私下问对方："您希望我们如何介绍您的同伴？"如果你问话时态度诚恳，表示出希望一切都做得合乎礼节的愿望，对方往往都能够理解。

晓梅指津

如何结识你想认识的人

假如想在商务场合中认识某人，除了自我介绍外，还可以采取什么方式呢？

有个非常有效的方法，就是请双方都很敬重的第三方帮忙。

如果一时不能找到合适的第三方来介绍你们认识，也可以试着和你想认识的人有一些眼神交流，观察他的身体语言。例如，在鸡尾酒会中，你看到你很想认识的人正在和别人谈话。你可以走到他身边，寻找加入谈话、跟他交谈的机会。

二、名片：专业形象的代言

名片是现代商务交往中必不可少的工具。两人初次见面，先互通姓名，再奉上名片，单位、姓名、职务、电话等一目了然，既回答了对方想问又不便贸然问出口的问题，又使相互之间的距离拉近了许多。名片的规范、清晰、准确，可以提高一个人的商务信用。随着商务交往的日渐增多，熟悉和掌握名片的有关礼仪变得十分重要。

选择名片

有关名片的礼仪，应该从设计名片的那一刻开始。名片不仅仅是一张印着联系方式的小卡片，还代表着你和你所在公司的形象。借助名片，我们传达出的信息应该是诚信、专业、简洁、高品质。

COMMUNI CATION <u>044</u>

交流沟通礼仪

选用高质感的纸张

名片纸张的选择很关键，轻薄而廉价的材质会降低品质感。大多数看起来非常专业的高质感名片都是采用 100% 的纯棉纸，或者其他耐折耐磨、美观大方的纸张。至于高贵典雅、纸质挺括的刚古纸、皮纹纸，则可量力而行，酌情选用。必要时，还可覆膜。

选用常用规格

当前国内经常使用的名片规格为 9×5.5，即长 9 厘米，宽 5.5 厘米。此外，名片还有两种常见的规格：10×6 和 8×4.5。前者多为境外人士使用，后者多为女士专用。如无特殊需要，不应将名片做得过大，甚至折叠，免得给人标新立异、虚张声势之感。特殊规格的名片也不便于收藏。

名片的内容

工作单位：一般印在名片的上方，社会兼职紧接工作单位排列下来。

姓名：印在名片中央，右边印有职务、职称。

地址、邮政编码、电话号码、传真、E-mail 地址等信息，印在名片的下方。

名片的背面：一般都印上相应的英文，对外交往时用。也可以在背面印上企业的简介、经营范围、产品服务范围以作为宣传。

很多企业有标准的员工名片格式，有的要加印公司的标识，并且规定名片的统一格式。

设计名片应凸显名字

设计名片时，一定要凸显你的名字。不要让名片上的其他信息，比如电话号码、电子邮件等密密麻麻的文字把你的名字淹没了。你的名字应该是名片上最为重要的信息。

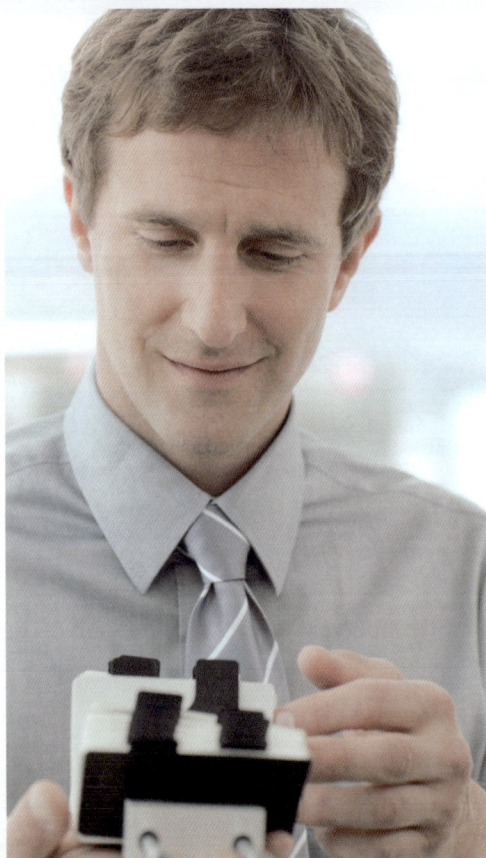

加入凸显地位的巧妙设计

名片上的一些巧妙设计可以有效凸显你的地位。有一次，我在参加某国际品牌新品发布会时，从一家外资公司的员工那里收到了三张名片，其中，有两张都是一般的高质感白色名片，左上角印着银色的 LOGO，而另外一张名片的 LOGO 却是金色的，金色名片的主人显然具有更高的职位。结果正如我所料。这些名片都非常精致、美观，金色和银色的选择也非常恰当地反映出了名片主人在公司中的职位。

不提供私宅电话

印制名片时，要注意公私有别，名片上不应提供私宅电话。尤其是跟国际人士打交道时，只提供办公室电话、传真及公司邮箱就可以了，手机号码和私宅电话都不宜提供。

名片的放置和整理

每个人都应该把名片放在高品质的名片夹中，让名片保持完美面貌。参加商务活动之前，要提前准备好名片，并进行必要的检查。不要把名片放在裤袋、裙兜、提包里，那样既不正式，又显得杂乱无章。

在自己的公文包以及办公桌抽屉里，也应经常备有名片，以便随时使用。

及时反馈

活动结束后，应回忆一下刚刚认识的重要人物，记住他的姓名、行业、单位、职务等信息。第二天或两三天后，主动打电话或发电子邮件问候，表示很高兴认识对方，适当地赞美对方的优秀品质，回忆你们愉快的聚会细节，让对方加深对你的印象和了解。

养成经常翻看名片的习惯

工作间隙，翻阅、整理一下你的名片档案，给对方打一个问候电话或发一个祝福短信，让对方感受到你的存在和你对他的关心与尊重。

定期整理

将你的名片档案与相关资源数据定期进行整理，依照关联性、重要性、使用频率、数据的完整性等因素，将它们分为三类。

◎ 长期保留的。

◎ 不太确定但可以暂时保留的。

◎ 确定不要的。

递送名片

正式递送名片

◎ 递送名片时需起身站立，走至对方面前。

◎ 递名片时微微欠身，面带微笑。要用双手递出，以示尊重对方。

1 2

1. 递名片时微微欠身，面带微笑，用双手递出，以示尊重。
2. 用拇指和食指轻轻捏住名片的两个角，文字要正对对方，以便对方观看。

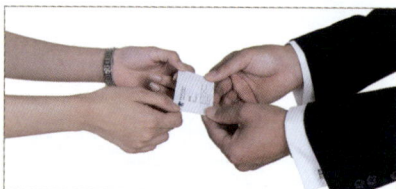

◎ 递送的时候应看着对方的眼睛。

◎ 名片正面朝上，用拇指和食指轻轻捏住名片的两个角，文字要正对对方，以便对方观看。

◎ 在递名片的同时可以说"我叫某某，这是我的名片""请多联系""请多关照""我们认识一下吧""有事可以找我"之类友好客气的话。

递送名片的顺序

一般来说，名片的递送顺序是，地位低的先向地位高的递送，男性先向女性递送。当对方不止一人但人数较少时，可以先将名片递给职务较高或年龄较大的人，如分不清职务高低和年龄大小，则按照由近而远的顺序递送，不要采取"跳跃式"的递送方式，甚至遗漏其中某些人。

接受名片

接名片的礼仪和递名片的礼仪同样重要。接受他人名片时，应立即停止手上所做的事情，并放下手中的物品，起身站立，面带微笑，恭敬地以双手接过，并道感谢。

不要盖住名片上的信息

在接名片的过程中，你的拇指千万不要盖住了名片上的信息，这是一种失礼的行为。

认真阅读名片

收到名片后不能立即收进名片夹，而应认真地看看名片上的信息，必要时可以把名片上的姓名、职务（较重要或较高的职务）读出声来，如"您就是张总啊"，表示对对方的尊重，同时也加深了对对方的印象。

确认对方的名字

收到对方的名片后，如有不认识或读不准的字要虚心请教。请教他人的姓名，丝毫不会降低你的身份，反而会使人觉得你是一个对待事情很认真的人。

细心存放

看过对方的名片后，应把名片细心地放进名片夹里，切不可拿在手中摆弄。如果交换名片后需要坐下来交谈，可以将名片放在桌上左手边的位置，这样，当你需要的时候，就可以参考名片上的信息，正确地叫出对方的名字和头衔。大约10分钟之后，再自然地收进名片夹里。

错误的接受名片的方式

◎ 马马虎虎地瞄一下，然后顺手装进衣袋。

◎ 随意往裤子口袋一塞、往桌上一扔。

◎ 名片上压东西、滴到了菜汤油渍。

◎ 离开时把名片忘在桌子上。

◎ 当着对方的面在名片上做谈话笔记。

索取名片

如果没有必要，最好不要强索他人名片，尤其是不要向职位高者索要名片。许多高层人士都只和地位相当的人交换名片。如果高层人士向你要名片，那是对你的恭维，他不一定也会给你一张名片。

如果实在需要索取他人名片，也不宜直言相告，而应委婉地表达这个意思。可以主动递上自己的名片，询问对方："今后如何向您请教？""以后怎么与您联系？"

反过来，当他人向自己索取名片，而自己不想给对方时也不宜直截了当地拒绝，应以委婉的方式表达此意，可以说："对不起，我忘带名片了""真抱歉，我的名片用完了"。

三、交谈：话题技巧很重要

如何通过交谈让彼此都感到愉悦又不失真诚，是一门学校里不教但工作中不能不会的必修课。好的交谈，源于好的话题。就如写文章，有了好题目，往往会文思泉涌，一挥而就。好话题，是初步交谈的媒介，深入细谈的基础，纵情畅谈的开端。

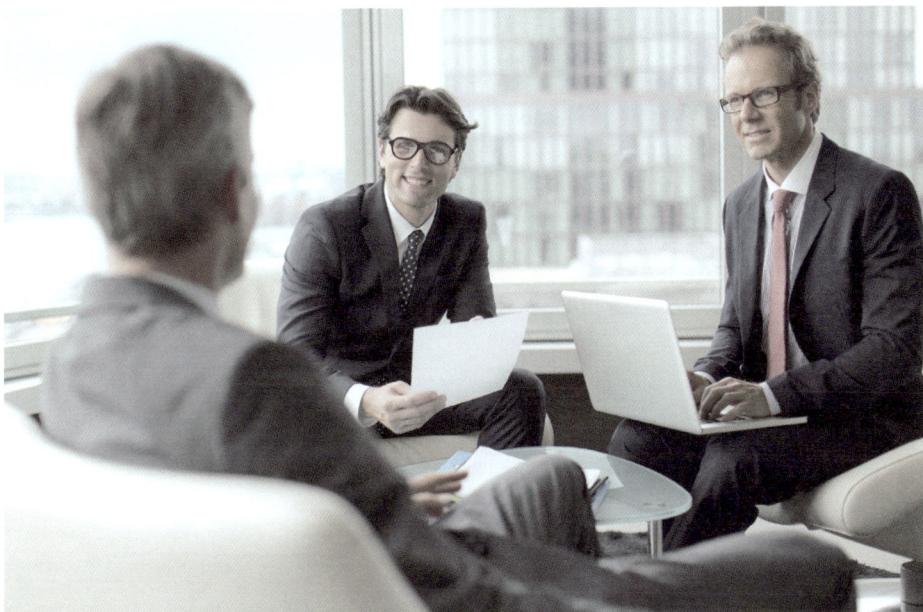

选择交谈话题

选择交谈话题的三大原则

◎ 至少是一方熟悉的内容。

◎ 大家都感兴趣的内容。

◎ 有展开余地的内容。

谈论当前热点话题

选择当前的热点事件作为话题。围绕人们的注意中心，引出大家的议论，例如油价问题、房价问题等。每个人都有自己感兴趣的热点话题，你可以尝试多说几个，找到对方的兴趣点。但是过于八卦或颇具争议性的话题，不适合在正式场合提起，尤其是与陌生人交谈时。对不熟的人也不要急着表达自己带有价值判断的想法，比如："你这么想有点崇洋媚外""那个人比较自私"。

谈论即兴引入的话题

巧妙地借用彼时、彼地、彼人的某些材料为题，借此引发交谈。例如，听到某人谈起刚去某地旅游，可借机谈论旅游的话题。大部分人都喜欢旅游，谈谈世界各国的新奇见闻或旅行中发生的趣事，会让大家兴趣盎然。另外，运动也是很好的即兴话题。在国外，运动是很热门的休闲活动，大家都很关注体育比赛，提及几个大牌运动明星的名字，相信你们就能谈上很久。对于女性或爱好时尚的朋友，可以借对方的服饰，即兴引出关于时尚的话题，例如这一季流行什么风格、哪个彩妆大师来中国、某个品牌又换了哪个设计师等。

对共同关注话题的讨论能在无形中拉近双方的距离。如果对方为人父母，大概都有满腹育儿经，该上哪个幼儿园、考什么大学，甚至怎么选尿布、牛奶，都会引起热烈的讨论。不过，和没有孩子的已婚人士聊天，千万别问他们为什么没生小孩，这涉及个人隐私。

投石问路制造话题

这个方法最适合用在与不熟悉的人交谈时。因为你不熟悉对方，不知道他的性格和嗜好，这时可以先提些"投石"式的问题。例如，在商务聚会上，可以以对方和主人、主办方的关系作为话题："听说您和某先生是老同学？"或"您和某先生是同事？"如此一来，无论问得对不对，总可引起对方的话题。一句"今天的客人真不少！"虽然老套，但可以引起其他话题。赞美一样东西也常常是最稳当得体的话题，如赞美主人家的家居摆件之类。

谈论对方最关心的话题

　　问明对方的兴趣，有助于顺利地找到话题。因为对方最感兴趣的事，总是最熟悉、最有话可谈，也是最乐于谈的。例如，对方喜爱摄影，可以摄影为题征求建议，谈摄影的取景、胶卷的选择、各类相机的优劣等。如果你对此话题略知一二，那一定能谈得很融洽；如果你不了解，也可借此大开眼界。另外，美食、环保生态、健康养生都是不错的话题。中年以上的人通常都很关心健康问题，可以和他们谈论健康食品、运动方式、名医秘方等保健话题。

哪些话题不要谈

宗教、政治

　　宗教和政治话题涉及民族情感，充满个人立场，一失言，连夫妻之间都会翻脸，何况是一般朋友。但是，轻易不在交谈中提起，并不意味着你可以不懂，对相关宗教政治问题，要有一个基本的了解。信仰会影响一个人的行事为人，了解交谈对象的宗教信仰和政治立场，有助于今后的交往。

对方的隐私

　　隐私包括收入状况、年龄、婚姻等。在社交场合中，问起和钱有关的事都有点唐突，尤其当彼此不够熟悉时。"你一个月薪水多少？""你们公司营业额多少？""你身上这件衣服多少钱？""你的房子卖价多少？"这些问题都不适合问。也不要问类似"结婚了吗""小孩多大了"的问题。个人的婚姻状况属于隐私。有些人可能处于适婚但没结婚的敏感年龄，有些人可能处于分居或离婚的状态，询问这些问题会让他们不快。如果看到对方脸色不好可以先说些轻松的话题，等他主动提起自己的身体状况，你再表示关心。不要刚一见面就询问对方是否生了病，这会让人不舒服，不利于双方接下来的交流。

与利益相关的话题

除了正式的商务往来，一般场合的交谈内容仅限与利益无关的话题，若问起项目的中标价，本届选举的内定名单，就像问女人的年龄和商人的收入一样，让人反感。

其他交谈禁忌

◎ 对于你不知道的事情，不要冒充内行。

◎ 不要向陌生人夸耀自己，如个人的业绩、富裕的家庭。

◎ 不要在公共场合议论朋友的失败、缺陷和隐私。

◎ 不要谈容易引起争论的话题。

◎ 不要到处诉苦和发牢骚。

让谈话更有意思

交谈时的表现，不但体现了待人接物的态度，同时也展示了个人的魅力与风采。开口交谈后，下一步就是如何将谈话进行下去。得体有礼的谈话技巧，可以让交谈双方的关系更加融洽持久。

把握交谈的距离

如果在较近的距离和人交谈，稍有不慎就会把唾沫星溅到别人脸上，这是最令人讨厌的。有些人，因为有凑近和别人交谈的习惯，又明知别人顾忌被自己的唾沫星溅到，于是先知趣地用手掩住嘴。这样做形同"交头接耳"，样子难看也不够大方。若想与对方拉近距离，可站在对方的旁边或斜前方。从礼仪角度来讲，两个人面对面交谈，一般保持一米左右的距离最为适合。

尽量挖掘细节

有意思的交谈，一定有着丰富的细节内容。细节越详尽，给人留下的印象就越深刻。为了达到这个目的，介绍一个新闻工作技巧给大家：5个 W 加 1 个 H，多问 Who（谁）、Where（哪里）、What（什么）、When（时间）、Why（为什么）以及 How（怎样）。掌握了这些要素，细节就出来了。但和采访不同的是，交谈时不仅要让对方乐于说出 5 个 W 和 1 个 H，自己也需要不断自我"爆料"才行。

学会一唱一和

一次好的交谈就像一段好的相声，既需要逗哏，也需要捧哏。如果你不擅长引起话题，那么你可以甘当捧哏。

COMMUNI CATION 056
交流沟通礼仪

慎用外语

在一般交谈中，应讲中文，讲普通话。无外宾在场时，最好慎用外语，否则会有卖弄之嫌。

别当交谈中的独裁者

一些个性较强势的人，往往你想讲些自己的事时，他只讲他自己，或者坚持讲你根本不想听的内容。他坚持要你听到最后，尽管你已经明显表现出不耐烦。这种谈话习惯是由性格造成的，所以要改掉很困难。如果你发现自己在谈话中有独裁的倾向，那么就要控制自己少说多听。

把握交谈时间

一次成功的交谈应该见好就收，适可而止。普通场合的谈话，最好在 30 分钟以内结束，最长不超过 1 小时。交谈中每人每次的发言以 3~5 分钟为宜。

不要遇到沉默就终止谈话

在谈话中，有些人一遇到暂时的沉默就开始着急，于是很快起身告辞。切记，不要在沉默的时候匆匆终止谈话，此举暗示着这次谈话失败，以"无话可说"收场，这样做会让对方很尴尬。

结束交谈的时机

如何判断对方兴趣开始减弱，想终止谈话了呢？可以通过以下细节来辨别。

对方的眼神

如果对方眼神开始涣散，注意力开始不集中，这是该终止谈话的时候了。

对方的肢体语言

如果对方对你讲的内容很感兴趣，那他一定是身体略微前倾，专心致志地听着。如果他的姿势换来换去，不时伸伸胳膊打个哈欠，那说明他的耐心和体力已经不能忍受你说太长时间了。

对方的语言反应

当你说话时，对方总是在"嗯""啊"或者点头称是，这要么是你说得有道理，要么就是对方已经失去了谈话兴趣，希望马上结束谈话。

交谈时如何拒绝别人

直接拒绝

将拒绝之意当场讲明。采取此法时，重要的是避免态度生硬，说话难听。一般情况下，直接拒绝别人，需要把拒绝的原因讲明白。拒绝别人的帮助时还应向对方表达自己的谢意。有时，还可为之向对方致歉。

婉言拒绝

用温和婉转的语言去表达拒绝的意思。与直接拒绝相比，它更容易被接受。因为它在更大程度上顾全了被拒绝者的尊严。例如，一位关系一般的男士送内衣给你，这非同寻常，不如婉言相拒，说："它

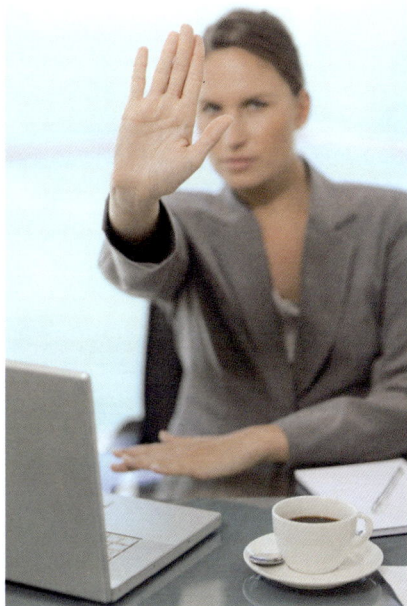

很漂亮。只不过这种式样的我男朋友给我买过好几件了，还是留着送给你女朋友吧。"这么说，既暗示了自己已经"名花有主"，又提醒对方注意分寸。

沉默拒绝

当他人的问题很棘手甚至具有挑衅、侮辱的意味时，"拔剑而起，挺身而斗"未必勇也。不妨以静制动，一言不发，以观其变。这种不说"不"字的拒绝，所表达出的无可奉告之意，常常会产生极强的心理威慑力，令对方不得不放过这一问题。

回避拒绝

沉默拒绝法虽然效果明显，但若运用不当，难免会"伤人"。商务人士还可以尝试避而不答，"王顾左右而言他"，以此拒绝他人。回避拒绝即避实就虚，不说"是"，也不说"否"，只是搁置此事，转而议论其他事情。遇上他人过分的要求或难答的问题时，可试一试这个方法。

拒绝时需注意的问题

态度明确

在拒绝别人的同时，坦诚地告诉对方你不能帮忙的真实原因，对方会很容易理解。别人有求于你，多少有被拒绝的心理准备。如果拒绝的时候吞吞吐吐、模棱两可，反而会让人反感，甚至影响双方的关系。

选对拒绝的时机

拒绝别人时，选择合适的时机也是需要考虑的因素。首先，要及时拒绝。不要因为你拒绝得太晚而影响对方的计划。其次，要适时拒绝。如果对方求助于你时心情十分糟糕，你可以先不表态，等对方情绪平复了再婉言拒绝。再次，在小场合更容易拒绝对方，对方也更容易接受。

拒绝的同时给出建议

如果在拒绝对方的同时给出相应的建议，例如给对方提供别的方法或者举荐其他能帮上忙的人，这样对方就不会因为你的拒绝而心存不快，因为你积极建议的态度已经表明了诚意。

晓梅指津

用餐时的得体交谈

当你享用对方招待的餐点时，最好在品尝之后说："真是好吃！"若对方一直推荐你吃某样你不敢吃或无法吃的东西时，可以直接表明："对不起，我没办法吃那个。不过，其他的我会多吃一点。"若是感到很饱吃不下，可以说："这些菜真是好吃，要不是已经饱了的话，真想再多吃一些。"

不要在餐桌上谈论让人扫兴的话题，如果大家夹一块东坡肉都要听你大谈肥胖的危害，那么，你会成为头号讨厌鬼。

不要在用餐时只跟同一个人讲话。如果口中塞满食物，请不要说话。如果这时有人向你问话，可以等食物咽下后再回答。同样的道理，如果别人还在咀嚼食物，最好不要向他问话。说话时，刀叉要放下来，免得说到激动的地方，双手挥舞刀叉，把残渣甩到别人身上。

中途离席，一定要跟左右的人打个招呼，说声："对不起，我接个电话。"

万一你已经用完餐，还要听一场冗长的演讲或等候他人吃完，不要玩弄餐具，最好耐住性子等待。

COMMUNI CATION 060

交流沟通礼仪

四、空间：不同距离产生美

　　在动物界，无论狮子老虎，还是猴子猩猩，都会以各种方式划定自己的领地，防备同类入侵。其实，人类也有类似的行为习惯。像大多数动物一样，划分自己专属的个人空间。

　　有个形象的比喻，我们每个人身体周围都有一个便携式的大"气泡"，这个"气泡"以内的空间就是我们的个人空间。这个"气泡"以人体为圆心，直径有15~45厘米。如果有人进入这个"气泡"，你马上会觉得不舒服。如果不小心进入别人的"气泡"，应立即表示歉意。如果我们能了解人类对个人空间的微妙感觉，就会更注意自己的言行，更得体地与人交往。

个人空间的范围

私密空间半径大小：15~45 厘米

只有在感情上与我们特别亲近的人才会被允许进入这一空间，比如恋人、父母、配偶、孩子、密友等。陌生人之间进入这个范围往往是在迫不得已的情况下，在高峰期乘坐公交车或地铁的人肯定很有体会，对这种近距离既讨厌又无奈，所以这时目光的交流是没有必要的。

私人空间半径大小：45~120 厘米

在非正式的交谈中，比如鸡尾酒会、公司聚餐，人们通常会与他人保持这样的距离，既亲切又不过分亲密。

社交空间半径大小：120~360 厘米

这一范围适用于个人社交和商务交往中。商店的营业员隔着柜台接待顾客、商务人士隔着谈判桌进行业务洽谈等都属于这个范围。这时目光的交流就起到了沟通作用，不看对方是不礼貌的。服务行业的礼仪规范尤其要注意这一点。

公共空间半径大小：360 厘米以上

这是公开演说时，演说者与听众所保持的距离，其近距离约为 360 ~760 厘米，远距离在 760 厘米以上。这是一个几乎能容纳一切人的"门户开放"空间，人们完全可以对空间内的其他人"视而不见"，因为相互之间未必发生一定联系。当演讲者试图与一个特定的听众对话时，他必须走下讲台，使两个人的距离缩短为个人距离或社交距离，才能够实现有效沟通。

注意，上述所有情况如果是女人之间打交道，间距可能会缩小。反之，如果是男人之间打交道，间距则可能会扩大。一般来说，人们不能容忍陌生人进入自己的私密空间。如果你跟一个初次见面的人勾肩搭背，即使你表现得非常友好和善，对方也会反感。只有在关系更加密切时，别人才会愿意让我们进一步靠近他。比如，一个新入职的员工在刚开始跟同事打交道时，可能会觉得其他人有些冷淡，这只是因为大家跟他还不熟，只会让他进入社交空间。随着大家彼此之间的了解逐步加深，身体之间的间距就会逐渐缩小。

我们对待他人个人空间的态度，决定了我们是否会成为受欢迎的人。有太多因素会影响人与人之间所保持的身体距离，所以，在商务交往中，你一定要考虑到每一个细微的因素，虽然麻烦一点，却是最明智的做法。

晓梅指津

我们为什么讨厌乘电梯

在拥挤的电梯里，个人的私密空间不可避免地要被他人入侵。一般来说，人们会做出如下反应。

◎ 不跟任何人说话，包括自己认识的人。

◎ 避免和陌生人的目光相接触。

◎ 保持一本正经的表情，脸上不泄露任何情绪。

◎ 如果手上拿着一本书或者一份报纸，就假装看得全神贯注。

◎ 身体保持一动不动。

◎ 一直盯着电梯层数的变化。

这些行为是一种"伪装"。有人说，在上下班高峰期的公交车里，上班族的脸上写满了"痛苦""不快"和"沮丧"，他们用这些词语来形容上班族面无表情的脸。可是很多人都不知道，他们对这些表情产生了误读。我们真正看到的是人们的集体伪装。在拥挤的公共场合，当私密空间不可避免地被他人入侵时，人们的反应通常是戴上毫无表情的面具。

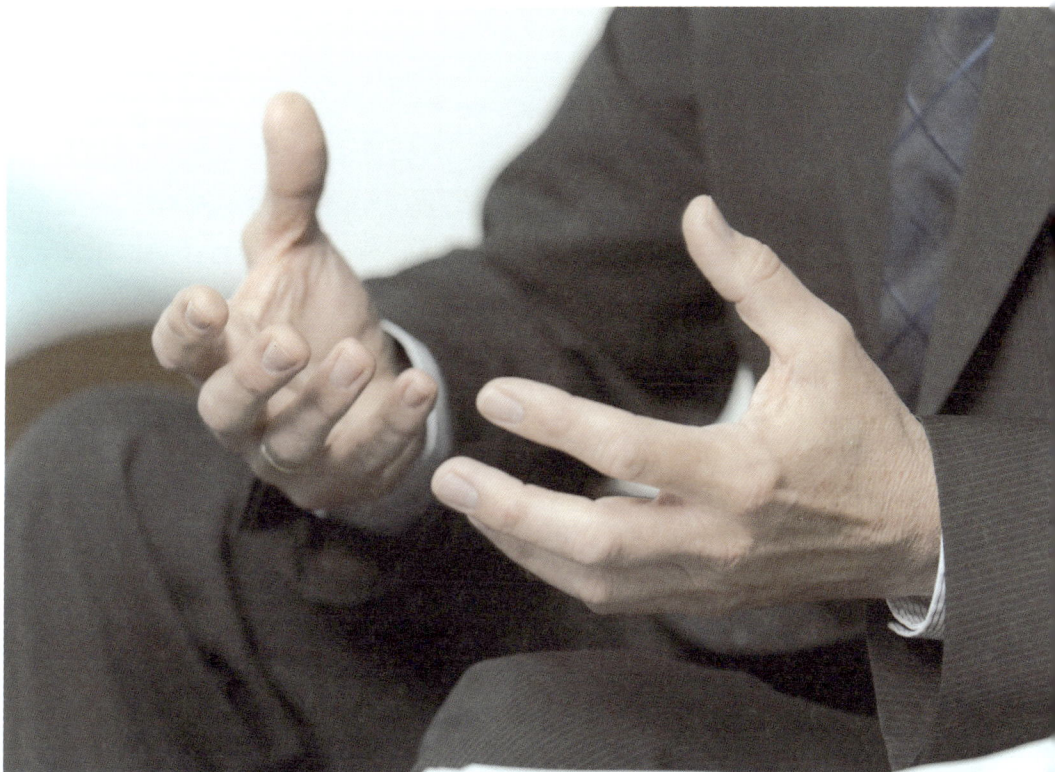

五、手势：隐形的标点符号

　　肢体语言中动作最多、变化也最多的是人的手势。我们的手是身体上最具表现力的部分之一，它帮助我们表达想法，增强感染力，也在无意中透露着我们的心理状态。大方、恰当的手势可以给人以肯定、明确的印象和优美文雅的美感，也许仅仅是一个端酒杯或者打招呼的手势，就已经影响了他人对你的印象。

表示"请进""请"

横摆式

在表示"请进""请"时常用横摆式手势。五指并拢，手掌自然伸直，手心向上，肘微弯曲，腕低于肘。手臂应从腹前抬起，以肘为轴轻缓地向一旁摆出，到腰部与身体正面成45度角时停止。头部和上身向伸出手的一侧微微倾斜，另一只手自然下垂或背在背后。目视宾客，面带微笑，表现出对宾客的尊重和欢迎。

如果右手拿着东西或扶着门，这时要向宾客做向右"请"的手势时，可以用前摆式，五指并拢，手掌伸直，由身体一侧由下向上抬起，以肩关节为轴，手臂稍曲，到腰的高度再由身前右方摆去，摆到距身体15厘米，并不超过躯干的位置时停止。目视来宾，面带笑容，也可双手前摆。

双臂横摆式

当来宾较多时，表示"请"可以动作大一些，采用双臂横摆式。两臂从身体两侧向前抬起，两肘微曲，向一侧摆出。靠近前进方向一侧的手臂应抬高一些，伸直一些；另一只手臂稍低一些，稍弯曲一些。

斜摆式

请来宾落座时，手臂应摆向座位的地方。手要先从身体的一侧抬起，高于腰部后，再向下摆去，使大小臂成一条斜线。

直臂式

需要给来宾指引方向时，采用直臂式。手指并拢，手掌伸直，屈肘从身前抬起，向指引的方向摆去，摆到肩的高度时停止，肘关节基本伸直。注意指引方向时，不可用一个手指去指，那样不礼貌。

1. 横摆式手势：表示"请进""请"时的常见动作。

2. 右手拿着东西时的指引手势。

3. 双臂横摆式。

4. 斜摆式。

5. 直臂式：需要给来宾指方向时采用。

6. 指引方向时，不可用一个手指去指。

1 2 3 4

1. 接物品时目视对方，五指并拢，用双手去接。
2. 不要单手去接礼物。
3. 递物品时，双手将物品从胸前递出。
4. 以左手递物品是失礼的。

递接物品

接物品

◎ 目视对方，不要只注视物品。

◎ 必要时，应起身站立，并主动走近对方。

◎ 最好用双手去接，五指并拢，两臂适当内合，自然将手伸出。如果是小的物品，最好用一只手垫在另一只手下面接住。

递物品

◎ 双手将物品从胸前递出。不方便双手并用时，也要用右手。不能单用左手拿着物品，更不能直接往对方手里丢放物品。以左手递物，通常被视为失礼之举，尤其是对亚洲国家的客人。

　　◎ 双方相距较远时，递物者应主动走近接物者。假如自己坐着的话，还应尽量在递物时起身站立。

　　◎ 将带尖、刃或其他易于伤人的物品递给他人时，物品的尖端不可指向对方，应当使其朝向自己，或是朝向他处。

　　◎ 文件或书籍，不要直接塞给对方，要把便于阅读的方向朝向对方。

　　◎ 把现金赤裸裸地递给别人显得不够尊重，妥善的办法是把现金放在信封中，把装有现金的信封双手递送给对方。

展示或介绍物品

方便客户

　　要将被展示之物正面面对对方，举至适宜的高度。如果是说明书，应将文字正

1 2

1. 展示物品时，物品在身体一侧，不挡住展示者的头部。
2. 单手展示物品时，大拇指稍稍向内弯曲，其余四指轻轻并拢，掌心向上。

面面对客户。当四周皆有观者时，展示物品还需变换不同角度。

手位正确

展示物品时，应使物品在身体一侧展示，物品不宜挡住展示者本人头部。具体而言，有两种方式：一是将物品举至高于双眼之处。这一位置适合在四周都是观者时采用。二是将物品举至双臂横伸、由肩至肘的距离，上不过眼部，下不过胸部。这种位置给人以安全稳定感，便于他人看清展示之物。如果展示的物品体积较小，可单手持物，另一只手轻轻托扶，也可做指示手势。

掌心向上

大多数人用单手展示物品时，采取的手势都是用手背朝向客户。这种不显示手掌的做法是错误的。

另外还应注意以下两个问题：第一，要以整个身体配合手的动作说话，不要只是单用手势。第二，展示物品时，不应张开手指，不应跷起大拇指。正确的做法是把大拇指稍稍向内弯曲，其余四指轻轻并拢。

手应该放在哪儿

有时，我们不知道双手应放在哪儿，请留心一下我的建议。

手尽量不要摸脸。一是为了保持干净，二是手如果常常摸脸，会给人一种幼稚和无助的感觉，特别是当你去求职时，更要留意。

工作时请勿转笔，你已不是中学生了，转笔只会给人一种幼稚的印象。

当需要将双手放在桌面时，比起随随便便把手张开放着，将手指尖并拢的手势看起来更典雅。

　　把物品放到桌子上时，先用小拇指接触桌面，防止发出大的声响。

　　特别需要提醒的是，在社交场合，不要用手指指点点地与人说话。这不仅是对他人的不礼貌，更会让对方认为你有轻视他的意思。打响指是一些人在兴奋时的动作，这种习惯最好也改一改。有人碰到熟人或是招呼服务员时，常常打响指，这会引起对方的反感。

1 2 3　　1. 双手放在桌面时，将手指尖并拢的手势看起来更典雅。
　　　　2. 把物品放到桌子上时，先用小拇指接触桌面，防止发出大的声响。
　　　　3. 与人交谈时，手中请勿玩弄东西。

CHAPTER 3

电话邮件礼仪

BUSINESS ETIQUETTE

一、电话：礼貌拨打耐心接听

选择对方方便的时间

不要在对方的休息时间打电话。每天早上 7 点之前、晚上 10 点之后、午休和用餐时间，都不宜拨打工作电话。

打电话前要弄清地区时差以及各国工作时间的差异，不要在休息日打电话谈生意，以免影响他人休息。即使客户已将家中的电话号码告诉你，也尽量不要往对方家中打电话。

拨打电话前的准备

　　打电话之前，应静下心来想一下需要向对方说什么、怎么说，最好将所说事情的要点写在纸上，准备好相关资料，以免在打电话时有所遗忘。如果为了补充忘记说的事情而重新打电话，会给对方带来不必要的打扰。

　　把对方的姓名、电话号码、通话要点等内容列一张清单，这样可以避免在谈话时出现缺少条理、现说现想的状况。清单内容一般如下。

　　◎ 对方姓名，电话号码。

　　◎ 打电话的目的。

　　◎ 对于这件事我方的想法。

　　◎ 希望对方给予什么帮助。

拨打电话

先说"你好"

　　打电话时，需要先说"你好"，声音要清晰明快。商务电话只有在确认信号好坏的情况下才能说"喂"，其他情况下应避免用"喂"开头。

告知身份

　　电话接通后，除了先问候对方，别忘记自报单位、职务和姓名。比如："您好！我是味美食品公司的王美悦。"

确认对方是否方便

先简要告诉对方为何致电，并确认对方是否方便通话。尤其在拨打对方手机时，在报过自己的姓名后，要立即询问对方现在是否方便通话。

长话短说

我要特别强调通话的"3分钟原则"。即：打电话时，拨打电话的一方应自觉地将通话时间控制在3分钟内，以短为佳，宁短勿长。不是十分重要、紧急、复杂的事情，通话时间一般不要过长。

确认所要传达的内容

讲述事情要条理清晰，突出重点，让对方容易理解。遇到数字和专有词汇，最好复述一遍，以免出现差错。说完事情后，最好再简要地和对方确认一次。不要反复铺陈絮叨，那样会让人觉得你做事拖拉，缺少素养。

留言简单明了

打电话时，如果对方不在，需要在语音信箱留言时，请这样做：先说公司名称及自己的姓名，再说打电话所为何事，并告诉对方："稍晚会儿我再打过来，再见！"如果你想找的人不在，可以拜托接电话的人代为传话。这时，一定要对传话者致谢。如："他回来后，能否麻烦您转告他回电话给我？""那么，就拜托您了！"如果打错电话，一定要向对方道歉。如果需要确认所拨的号码是否正确，应自己复述一遍电话号码。因为请对方复述的话，会给对方带来不便。

礼貌挂断电话

商务通话时，原则上应该由拨打电话的一方先结束通话。不过，需要等对方挂断电话后再轻声挂上电话。

　　挂断电话的方法不可轻视。将话筒随意放下或重重挂断，都是对接听电话一方的不敬。电话被挂断之前，对方一直都把听筒贴在耳朵上，如果听到"咔嗒"一声巨响，会使对方心情不悦。

接听电话

接听电话要注意三点

　　◎ 及时，尽量不要让铃响超过 3 声。

　　◎ 有礼貌，要自报家门，并向对方问候。

　　◎ 有耐心，对打错电话的人不要不耐烦。

　　此外，接听电话时还有许多方面的礼仪需要注意。

身边常备纸和笔

　　养成接听电话时一定要记备忘录的习惯。在惯用手的旁边常备便条纸与笔，以便随时记下通话要点。

左手持听筒，右手拿笔

　　大多数人习惯用右手拿起电话听筒，由于接听商务电话时常常需要做必要的文字记录，很多人就顺手将话筒夹在肩膀上面。这样，电话很容易掉下来，发出刺耳的声音，不仅给客户带来不适，

养成左手持听筒、右手拿笔的习惯。

还会给对方留下慌乱的印象。因此，最好养成左手持听筒、右手拿笔的习惯。

第二声铃响接电话

通常，应该在电话铃响过两声之后接听电话。如果电话铃响过三声之后仍然无人接听，客户会认为这个公司员工的精神状态不佳。但也不要铃声才响过一次就拿起听筒，这样会令对方觉得很突然，而且容易掉线。

如果因为特殊原因，电话铃声响过许久之后才接电话，要在通话之初向对方表示歉意，如："不好意思，让您久等了！"

得体有礼的问候

电话接通之后，接电话的人应该主动向对方问好，一般以"您好"开始。礼貌问候对方之后应主动报出公司或部门名称，如："您好，这里是某某公司……"如果是个人电话，还应说出自己的姓名。有的人拿起电话张口就问："喂，找谁，干吗……"这是很不礼貌的。此外，千万不要边打电话边嚼口香糖或吃东西。

注意声音和表情

沟通过程中表现出来的礼貌最能体现一个人的基本素养。用清晰而愉快的语调接电话，能显示出说话人的职业风度和可亲的性格。虽然对方无法看到你的面容，但你的喜悦或烦躁仍会通过语调流露出来。打电话时语调应平稳柔和，如能面带微笑地与对方交谈，可使你的声音听起来更为友好热情。

打电话应以对方容易听懂为要点。我们都希望对方声音清晰、吐字清楚、语速适中，但有时没有注意到自己讲话的声音非常小，有的发音还不太清楚。接电话时，应以比平时略高的声调清晰地说话。

复述来电要点

电话接听完毕之前，不要忘记复述一遍来电的要点，防止记录错误而带来误会，这样能够提高工作效率。例如，对会面时间、地点、联系电话等信息进行核对，尽可能地避免错误。

分清主次

◎ 接听电话时，千万不要不理睬另一个打进来的电话。可对正在通话的一方说明原因，请其稍候片刻，然后立即去接另一个电话。待接通之后，先请对方稍候，或过一会儿再打进来，然后再继续刚才正在接听的电话。

◎ 在会晤重要客人或举行会议期间有人打来电话，可向其说明原因，表示歉意，并承诺稍后联系。

◎ 无论多忙多累，都不能成为拔下电话线找清静的理由。

◎ 接听电话时不要与其他人交谈，也不能边听电话边做其他事情。

晓梅指津

及时回复电话留言

在商业投诉中，以投诉不及时回复电话最为常见。为了不丧失每一次商务机会，有的公司做出对电话留言须在 1 小时之内回复的规定。一般情况下，应在 24 小时之内对电话留言给予回复，如果回电话时恰巧对方不在，也要留言，表明你已经回过电话了。如果自己确实无法亲自回电，应托付他人代办。

二、手机：随时沟通礼仪常伴

　　如今，手机已成为商务人士的必备品，手机与商务活动的关系越来越密切，这也对我们使用手机提出了更高的礼仪要求。

　　我曾经看到有商务人士一边走路一边大声用手机谈业务，这是失礼的行为。在路上大声讲电话会让周围的人不快，而且有可能被别人听到商业机密。所以，涉及具体业务内容时，要向对方说明"我回到公司后再打给您"，暂时挂断手机。不得不在公共场合使用手机时，为了不妨碍别人，音量不要过高。

　　与人坐在一起交谈时，可将手机放在手边、身旁等不起眼的地方，切忌一边交谈，一边不停地用手摆弄手机。

公共场合怎样用手机

　　不应在楼梯、电梯、路口、人行道等人来人往之处，旁若无人地大声接听电话。

　　在开会、会见等聚会场合，不能当众使用手机。

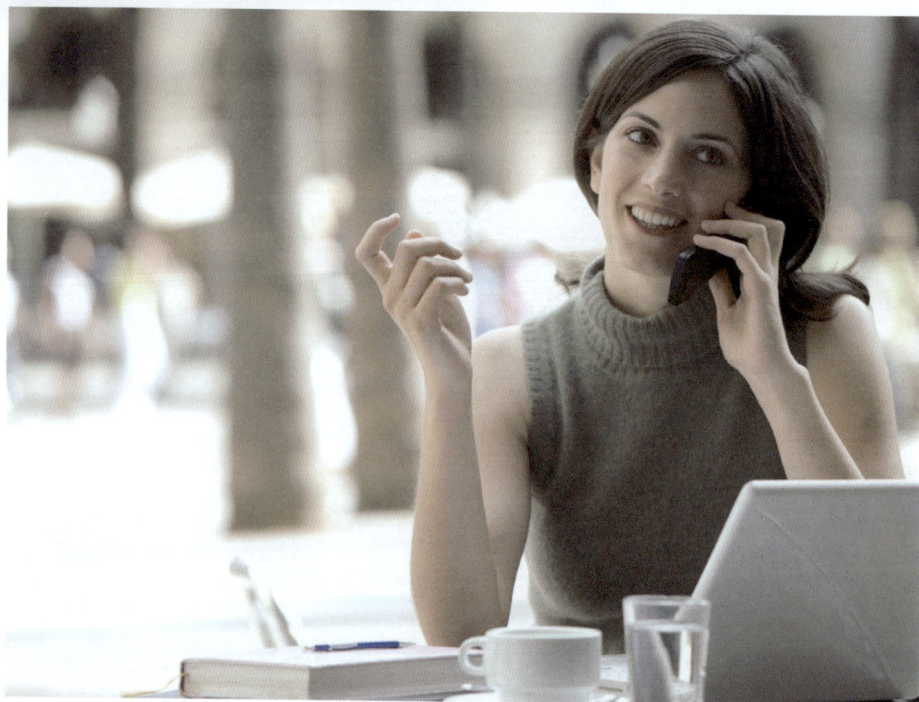

在参加宴会、舞会、音乐会，或者在影院、图书馆、展览大厅时，应将手机设为静音或震动状态，尽量不要接听手机。确实需要与他人通话时，应找无人之处，切勿当众接打电话。

尽量保持联络通畅

如果未能接听对方电话，应在方便的时间及时与对方联络。

拨打对方的手机时，一般应等铃声响过三遍，如果对方还未接听，再挂断电话。挂断后应再等一两分钟。在此期间，不宜再同其他人进行联络，以防手机占线。不及时回复对方电话，拨通对方手机后迅速挂断，或是转而接打他人的电话，都会被视作不礼貌的行为。

先确认"您现在方便说话吗"

给对方打手机时，对方可能正在开会或在路上，不方便接听手机。所以必须先问一声"您现在方便说话吗"，以确认对方是否方便接听电话。如果在拨打手机前，先给对方发送一条短信，询问是否方便通话或预定通话时间就更好了，这样会让对方感觉到你的体贴。

新奇的铃声不适合所有场合

尽管新奇的铃声可以让你表现个性，并且和其他人的铃声区分开来，但是它们也可能影响你专业的商务形象。

注意私密

一般而言，手机号码不宜随便告诉他人，名片上最好也不包含此项内容。同样，也不应当随便打探他人的手机号码，更不应当未经允许就将别人的手机号码转告他人。

在公司代接电话时，经常会遇到这样的情况，对方打来电话说有紧急事情需要找某某，而某某恰巧不在公司，对方向你索要他的手机号码，这时应该回答："我马上和某某联系，让他给您回电话。"然后询问对方的姓名和电话号码转告某某。另外，在转告某某时，要加上一句"对方向我要您的手机号码，不过我没有告诉他"，这样一来，如果有必要，可以由他本人来告诉对方，这样留有余地的做法会让人感觉到你的体贴和细致。

面对面接触的人更重要

如果你在拜访客户时接听手机，会让客户觉得不被尊重，认为你不看重他们的价值和时间。应该将手机设置成振动，或者使用语音信箱功能。如果你正在等待一个不能耽搁的电话，要提前告诉客户并表示歉意，然后到方便的地方接听，通话要尽量简洁明了。

商务通话最好使用固定电话

手机虽然很方便，但是也有缺点，比如由于周围环境的嘈杂而难以听清对话内容，信号不好的时候通话容易中断。使用手机主要是为了方便联络，而商务通话最好能在安静、不受干扰的环境中进行，所以原则上使用固定电话比较好。

晓梅指津

收发短信礼仪

春节期间，我收到的祝福短信有好几百条，粗略统计了一下，将近三分之一的短信没有署名。恰巧我的手机前段时间出了问题，很多电话号码丢失了，所以，这些不署名的短信有可能白发了。发短信时，不要想当然地认为对方手机里存有你的号码，一定要记得署名。发祝福短信可以在最后面署名。叙述事情的短信应首先问好，然后说我是某某，再叙述具体的事情。

除此之外，还有一些不遵循礼仪规范的收发短信的行为也给我们带来了不少烦恼，比如不分时间和场合发短信、短信内容不健康、滥用短信、不及时回复短信等。目前还没有形成完善的"短信礼仪"，但只要做到时刻为对方着想，就不会失礼。

三、电子邮件：技巧礼仪缺一不可

　　据统计，如今互联网每天传送的电子邮件已达数百亿封，但其中有一半是垃圾邮件或无效邮件。电子邮件不仅展现个人的专业能力、沟通能力，更体现为人处世的态度。一封措辞规范、内容清晰的邮件，是促进双方交流的便利桥梁。因此，作为商务人士，必须熟练掌握收发电子邮件的各种技巧与礼仪。

邮件主题

简明扼要

主题是接收者了解邮件的第一信息，因此要提纲挈领，使用意思明确的主题词。最好能让对方在收件箱页面里完整地看到邮件的标题，这样可以让收件人迅速了解邮件内容并判断其重要性，节省对方处理邮件的时间。

空白主题最失礼

无论时间多么紧张，也不能在匆忙中忘记写主题。空白主题不利于收件人判断邮件内容。

回信主题要更改

回信时最好更改主题。不必删除对方的主题，可以在后面加上新主题。如果不更改主题就直接回信，也是失礼的。

收件人的名称显示

因为收件人的名称会显示在对方的页面上，所以一定要养成在对方的姓名后面加上"先生"或"女士"的习惯，然后再把他们加入通讯录中。

邮件的称呼与问候

不能省略收件人的称呼

有人认为电子邮件的格式较书信更随意，因此容易忽略收件人的称呼，这是错误的。邮件的开头要称呼收件人，这样既显得礼貌，同时也明确提醒收件人，这封邮件是写给他的，他应该给出必要的回应。

按职务尊称对方

如果清楚对方的职务，应按职务尊称对方。如果不清楚职务，则按"先生""女士"称呼，但一定要把性别先弄清楚。

称呼英文名有讲究

一般来说，称呼对方的英文名显得更为亲切，但对不熟悉的人不宜直接称呼英文名，对级别高于自己的人也不宜称呼英文名。商务邮件不同于私人邮件，称呼全名也是不礼貌的。更不要对谁都用"Dear"，这种熟络会让人觉得莫名其妙。

邮件正文

正文不能空白

最好不要将正文栏空着，而只发送附件，这样不仅不礼貌，还容易被收件人当作垃圾邮件处理掉。重要的电子邮件可以发送两次，以确保能发送成功。

内容太多用附件

电子邮件的正文应简明扼要地把事情说清楚。如果具体内容确实很多，可以先作摘要介绍，然后单独写电子文档作为附件进行详细叙述，但需要在正文处说明"具体内容在附件中，请查收"。如果事情复杂，最好用数字标注，分几个段落进行清晰明确的说明。

商务邮件的措辞

措辞是撰写商务邮件最困难的部分。如果用平常说话的语气，很容易被视为无礼。不妨假想此时正面对着对方，而不是面对键盘与屏幕，这样可以让语气柔和自然一些。书写时要比口语对话再稍微正式一点。设想对方看了你的邮件之后的感受，做到有亲和力但不失礼。

多用简单词汇和短句

完全不换行、不分段的邮件，会让收件人读起来很吃力，所以千万别长篇大论一段到底。为了体贴看信的人，请分段写，多用简单词汇和短句，准确清晰地表达，不要出现晦涩难懂的语句。最好不要让对方拉滚动条才能看完你的邮件。

字号和字体

中文一般用宋体或楷体，英文就用 Verdana 或 Arial 字体，字号用小四号或五号字。这是经研究证明最适合在线阅读的字号和字体。商务邮件不要用稀奇古怪的字体，最好不用背景信纸。对电子邮件修饰过多，会使其容量增大，收发时间增长，影响工作效率，并给人以华而不实之感。

日期时间要明确

在邮件中提到的时间一定要具体。你说的"下个月"或是"下周三"到底是什么时候？最好加括号注明具体日期。具体时间也要明确。是上午还是下午？是几点钟？是以自己还是对方的时区为准？都要在邮件中写准确、写清楚。

使用附件

◎ 附件应使用有意义的文件名，不要随意用几个字母或数字代替。

◎ 正文中应对附件内容进行简要说明，特别是带有多个附件时。

◎ 附件数目不宜超过 4 个，数目较多时应打包压缩成一个文件。

◎ 如果附件是特殊格式的文件，应在正文中说明打开方式，方便收件人使用。

◎ 如果附件过大，应分成几个小文件分别发送，或者使用文件中转站等网络工具进行发送。

群发邮件

想要给多人发信时，"群发"是个相当方便的方法。但是，也许有人会把你的信当成垃圾邮件处理，所以应明确划分群组。

群发邮件时，可以采用"并列收件人""抄送""密送"三种形式。

如果你不介意收件人知道你同时把邮件发给其他人，可以使用"并列收件人"和"抄送"功能。这样做，邮件的所有收件人都能够看到其他收件人的地址。

"密送"的收件人地址不会被其他收件人看到，如果你同时给很多人发邮件，此时，使用"密送"更为妥当，而不应当使用"并列收件人"和"抄送"，否则原本互不认识的客户可能通过你的邮件，得到了彼此的邮件地址，你就在无意中泄露了客户的个人信息。

群发邮件需谨记

◎ 给重要人物的重要邮件一定要一对一单独发送。

◎ 使用群发功能之前一定要慎重考虑是否妥当。因为一旦发出，就覆水难收了。

◎ 不重要的通告式非保密邮件，可以在特定地址非保密组群里以"并列收件人""抄送""密送"三种形式群发。要根据对方邮箱的特性，慎重选择发送方式。

回复邮件

及时

收到他人的重要电子邮件后，及时回复对方是必不可少的，理想的回复时间是2小时之内。为了节省时间，对于那些优先级的邮件，可集中在一段时间内处理，但一般不要超过24小时。如果事情复杂，你无法及时确切回复，那至少应该及时回复："您的邮件收到了，我们正在处理，一旦有结果就会及时回复。"记住，要及时做出回应，哪怕只是确认收到了对方的邮件。出差或休假时应该设定自动回复功能，以免影响工作。

字数

如果对方发来的邮件很长，你却只回复"是的""对""谢谢""已知道"等字眼，这是不礼貌的。回复的字数不能太少，应该完整全面地表达你的想法，同时也避免长篇大论。

主动控制邮件的来往

群发邮件时，为避免收到无用的回复，可在文中指定部分收件人给出回复，或在文末添上"仅供参考"等。

CHAPTER 4

同事相处礼仪

BUSINESS
ETIQU
ETTE

一、办公室同事：八小时相处艺术

　　在办公室上班，和同事相处的时间无疑是最长的，有时候甚至超过了和家人在一起的时间。对待同事，最重要的是你要对每个人表现出你的尊重之情。尊重他人的隐私，尊重他人的习惯。在办公室里对上司和同事都要有礼貌，不能因为大家天天见面就将问候省略掉。

同事相处的基本礼仪

分清个人空间与公共空间

　　办公室是一个大空间，其中每个人都占据着自己的一片小空间，所以必须分清哪里是公共区域，哪里是个人空间。私人生活的物品不可带到办公室去，必须做到公私分明，互不相扰。同事之间，因为观念、文化、性格等方面的差异，必然会影响彼此的处世态度和交际方式。如果同事之间交往过近过密，相互间的差异容易发生碰撞，可能会损害彼此间的关系。而且，同事之间，在某些时候又是竞争者。名利之前，稍有不慎，就会让原本关系很好的双方都很尴尬。所以，同事间相处，既要密切配合，又要保持适当的距离。

物质上的往来应一清二楚

同事之间可能有相互借钱、借物或馈赠礼品等物质上的往来，要切忌粗心大意，每一项都应记得清楚明白，即使是小的款项，也应记在备忘录上，提醒自己及时归还，以免遗忘引起误会。向同事借钱、借物，应主动给对方打张借条，增进同事对自己的信任。如果所借钱物不能及时归还，应每隔一段时间向对方说明一下情况。在物质方面，无论是有意或者无意地占对方的便宜，都会引起对方不快，降低自己在对方心目中的印象分。

管住嘴巴，避免争吵

不要在背后议论别人。每个人都有不愿为人所知的事情，背后议论他人，首先很不礼貌，其次，会造成同事之间的误解和关系紧张。

别人发表意见的时候，不要中途插话。要注意说话的分寸，给别人留有情面，同时也给自己留退路。在办公室里应当避免争吵。

同事间若是发生争吵，麻烦会比较大。因为争吵后大家仍要在一起共事，甚至要相互竞争，这种特别的关系，使得同事间的情感裂痕比较难以弥合，因此，同事之间倘若发生矛盾，要忍一忍、让一让，相互克制，尽量避免发生正面冲突。

相处细节凸显礼仪修养

不轻易乱动同事的东西

在办公室，每个人都有属于自己的私人空间，如抽屉、办公桌等，不随便乱翻、

COLLEAGUE
RELATIONSHIP <u>090</u>
同事相处礼仪

乱动同事的东西，是最起码的礼貌。要在同事的私人办公区域找东西，最好让其代劳。如果同事不在，不得不自己去拿，事后一定要向同事说明情况，并表示歉意。

不偷看同事的电脑、文件

同事在写东西、阅读书信、使用电脑时，如果需要从他身旁走过，最好不要离得太近，经过时更不能用斜瞟的方式去"窥视"。如果没有重要的事情，最好不要在工作时间打扰别人，以免打断同事的工作思路或工作节奏。

同事与你讨论问题时

1 2 3

1. 当同事来到座位前和你讨论问题时，可以请对方坐下，再继续讨论。
2. 上司来了，请务必站起来回应。
3. 上司来了，不要无动于衷地看着他站着，自己却四平八稳地坐着。

当同事到你座位前与你交谈时是否需要站起来呢？这要根据具体情况而定，如果是例行公事而常常进来的秘书、助理或同事，他们往往只是很快地问个问题，就无须站起来。如果要讨论的问题不是三言两语可以解决的，可以请他们坐下，再继续讨论。

如果来者是上司，请务必站起来，即使他只是站在门口。如果他继续站着说话，你也应站着说话；如果他进来坐下了，你可以回到自己的座位坐下。千万不要无动于衷地看着上司站着，自己却四平八稳地坐着，自顾自地做事。

在办公室里应该控制谈话的音量。在和他人通电话或者面对面沟通的时候，音量保证两个人都能听到就可以了，以免打扰他人的工作。

不要直接走进同事的办公室

不打招呼，直接进入同事的办公室是不礼貌的。可以先在门口叫一下对方的职称或名字，或轻声敲门，即使门没关也要这样做。此外，在开放式的办公室，同事的座位就如他的私人办公室一般需要被尊重，有事需要讨论时，请先轻敲隔板或轻声打招呼。

听到同事在道人长短

对于小道消息或八卦，最好不要旁听，更不能参与传播，但有时难免会在无意中听到，比如公司的洗手间、茶水间或吸烟场所等。如果是在洗手间，你可以冲马桶，或发出咳嗽声，让他们知道里面有人。如果是在茶水间或吸烟场所，建议你还是保持距离，或是干脆离开。

在别人的办公室时，有电话进来

非礼勿听。你可以礼貌地询问，或以手势示意："我需要到外面等一下吗？"如果是私人或机密电话他可能会主动告诉你："对不起，请你给我几分钟。"若对方示意不需要回避，则不用离开，不过在他讲电话的时候，你可以做其他的事情。例如，看看手上的文件、翻翻报纸杂志等，最好背对着同事，一般人会因你正面对着他而感到不自在。

二、 办公室用餐：文明有礼勿随便

在办公室用午餐是比较常见的，除了一些大公司配备有专门的餐厅或茶水间，大部分人需要在工作场所与同事一起用餐。在办公室，和同事一起就餐是方便、愉快的事，但也需要注意一些细节。办公室既是工作场所，也是公共场所，不能忽视用餐的礼仪，更不能因为用餐而影响到办公室里的其他人。

用餐的时间要固定

只有在用餐时间才可以吃饭。不要利用用餐时间忙杂事，直到上班时间才用餐。

用餐的速度不能太慢

在办公室用餐，应该"速战速决"，切忌一大堆人凑在一起，边吃边聊，拖延很长时间。一方面有人可能需要即时进入工作；另一方面也要预备有性急的客户临时到访，如果客户来了你还在用餐，双方都会有点不好意思。

用餐时尽量不要说话

用餐时不要和同事大声说笑，更不要一边吃东西一边打电话。嘴里有食物时最好不要讲话。如果别人嘴里有食物，等他咽完再与他讲话。

尽量少吃味道强烈的食物

有强烈味道的食品，尽量不要带到办公室。即使你喜欢吃，也会有人不习惯。而且，强烈的气味会弥漫在办公室里，会破坏专业的办公环境和公司形象。

用餐后要尽快清洁

办公室用餐完毕，应及时清理餐具，开窗通风。一次性餐具最好立刻扔掉，不要长时间摆在桌上，避免让办公室充满食物的味道，影响公司的整体形象。

开口的饮料罐，长时间摆在桌上有损办公室形象，要尽快扔掉。如果不想马上扔掉，或者想等会儿再喝，要把它放在不被人注意的地方。食物掉在地上，要马上捡起扔掉。餐后将桌面和地板打扫一下，也是必须做的事情。

如果用餐后会有客人来访，那么应事先用点空气清新剂，别让客人一进门就闻到食物的味道。

CHAPTER 5 商务往来礼仪

BUSINESS ETIQUETTE

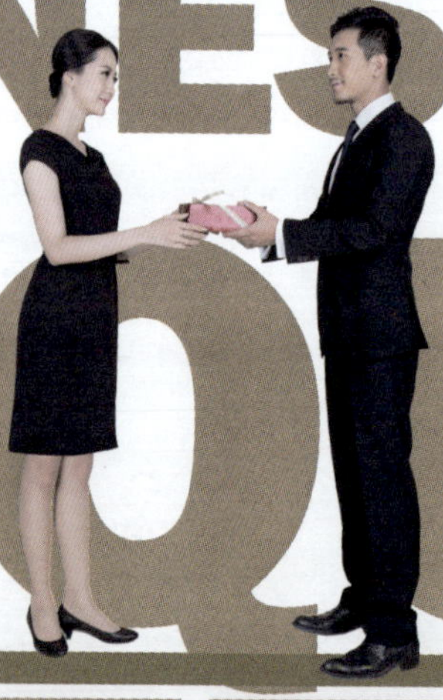

一、拜访：客户关系建立好

　　大多数商务往来都是从拜访开始的，而拜访细节决定拜访的成败。专业的商务拜访礼仪，将成为建立客户关系、提升业绩的重要砝码。

拜访之前先预约

　　约见客户，是商务人士与客户协商确定访问对象、事由、时间和地点的过程。拜访客户前，务必提前预约。不约而至的唐突拜访，可能会给对方带来不便。

拜访地点

　　选择拜访地点的原则是"优先考虑客户的要求"，不要只顾自己方便而忽略客户的感受。地点一般可以选在客户的工作单位、家里和比较利于谈话的公共场所。如果选择公共场所，一定要选双方都比较熟悉的交通便利的地方。

拜访时间

以对方的时间为主。主动让客户确定时间，表示对客户的尊重。如果那天你已有安排，可以说："真是抱歉，那天我已经安排了别的事情，麻烦您再另外选一个时间，好吗？"

提前多久预约

普通的工作拜访应提前一周预约，最少也应该提前三天。如果要拜访的人特别重要，还应该提前半个月甚至一个月预约，以方便对方安排。

再次确认

预约好时间后，应该在拜访的前一天再确认一次，防止出现临时变化。

拜访前的准备

形象是否得体

商务拜访应选择既与个性相适应，又体现专业形象的服装。检查形象包括：服装、仪容、言谈举止力求得体自然；热情大方，态度诚恳。千万不要穿着脏兮兮的鞋子出门，查看袜子是否有污损和破洞。鞋垫也要检查一下。尽量避免穿着迷你裙、低胸上衣，以免坐下或做演示时不方便。

良好的精神状态属于内在的准备，而且是最重要的准备。好运气总是偏爱诚实且富有激情的人。

口腔卫生

见客户前，最好先嚼嚼口香糖或使用口气清新产品。繁忙的工作中容易产生内热，口气可能较重。但是，千万不要见到客户时还在嚼口香糖。

拜访目的是否明确

拜访客户前，要明确自己拜访的目的，预先对拜访的各个细节进行仔细思考和计划。在你动身前，要清楚地回答以下问题："我要与谁见面？我要和他谈什么事情？通过这次拜访，我希望得到什么样的结果？"最好将提纲重点写在纸上，以便在和客户交流时，能流畅地表达出来。客户们喜欢那些精心准备了书面提纲的拜访者，这表明你尊重客户的时间，并且预先做好了准备。

资料工具是否准备妥当

拜访客户前，一定要提前做功课，比如了解拜访地点、准备交通工具、预估路上所需时间等。切忌慌慌张张地赶过去，结果丢三落四，既影响效率，又有损自己的形象。商务人士需要随身携带产品说明、企业宣传资料、名片、计算器、笔记本、钢笔、价格表等，如果有必要还应带上笔记本电脑。

提前 10 分钟到达

守时是商务人士的基本礼仪。为了避免堵车等意想不到的状况，应尽量提早出发。最好能在约定时间前 10 分钟到达。守时表示你对工作的重视，也会给客户带来好感，提高你自身的信誉。

如果不得已，肯定要迟到了，应至少提前 15 分钟联络对方，道歉并说明缘由，告诉客户自己将要抵达的时间。这个时间要比自己估计的时间稍晚，给自己留有余地，以免再度迟到。到达后应再次向客户致歉。

正式拜访

到达

从到达接待台这一刻起，商务拜访工作便已经开始了，所以不能有丝毫放松。

进入办公室之前，应擦干汗水，整理好凌乱的头发，系好领带。有条件的话，最好先到卫生间检查一下仪容。如果遇到下雨天，为避免弄湿地板，雨伞应放在专用架子上。如果不得不带着较大的行李拜访客户，要将行李放在对方看不到的地方。

在接待台前，要告诉接待员自己的公司名称、姓名、预约时间、预约的人及其所属部门。可以递上你的名片以便接待员迅速完成通报工作。

在接待室等候

初次拜访应坐下座

一般来说，客人应当坐在下座，也就是离门最近的座位。上座是面对门并离门最远的座位。听到对方说"麻烦您先在这里稍候片刻"时，应先向对方致谢，再坐到接待室

到达拜访地点之后，最好先到卫生间检查一下仪容。

的下座。如果主人一定要请你坐上座，也可以客随主便。选择下座，是为了表示自己不会占用客户太长时间，避免给主人带来压力。

何时应该起身

等候客户时，应将名片和资料准备好。可以左手拿着资料和名片，腾出右手来握手。听到客户敲门或进门的声音时，应立即起身。

超过等候时间

如果等候时间超过了 15 分钟，可询问接待员还要等多久，但不要不停地问，或者喋喋不休。

因故不能继续等候时，可以向接待员说明情况并另约见面时间。

等候时的注意事项

如果接待员没有给你倒茶，那么，直至客户出现，这段时间都不应该自饮。

即使接待室里备有烟灰缸，也要得到对方允许后再吸烟。

在接待室里，如果客户没来，就不能随手翻阅杂志或来回走动。

1. 拜访客户时，小包包可以放在身后的椅子上。
2. 不能为了方便拿资料，而将公文包放在客户的桌上。

BUSINESS
CONTACTS 100
商务往来礼仪

入座交谈

公文包应该放在哪里

在客户公司时，公文包应该放在椅子旁边或自己的脚边。小的公文包可以放在身后的椅子上。不能为了方便拿资料，而将公文包放在客户的桌上。

自我介绍，交换名片

当你被引导至客户办公室时，如果是首次见面，就要先进行自我介绍，并递送名片。通过自我介绍，给客户留下良好印象，并取得客户对自己的信任。要清楚地说出所属公司的名称和自己的名字。说话时声音洪亮，展现出良好的精神面貌。如果与客户已经认识，可以先寒暄几句，并和周围的人打招呼握手。轻松、融洽的气氛有助于拉近彼此之间的距离。

拜访中不可接听电话

商务人士的电话一般较多，难免会遇到正在拜访客户时突然来电话的情况。大部分人会请客户允许自己接个电话，客户一般也会大度地同意，但是难免会在心里嘀咕："来电话的人好像比我更重要。"一旦客户有了这种不被重视的感觉，他对你的印象也就打了折扣。

因此，当你在初次拜访或做重要拜访时，不可接听电话。应该将手机调为振动模式，甚至关机。确实有重要电话需要接听时，也要尽可能简短。最得体的做法是，告知来电方当前情况后迅速挂断，等拜访结束后再打过去。

多说"我们"少说"我"

作为商务人士，与客户沟通时要多表现对方的重要性。如果把"我"变为"我们"，把"我的"变为"我们的"，会给客户一种心理暗示：你和客户是在一起的，你是站在客户的角度想问题的。就可以巧妙拉近双方距离，使对方更容易接受你和你说的话。

对拜访要点进行总结确认

拜访快结束时，要对谈话的要点进行总结，并得到客户的确认。如："王总，今天我跟您约定的时间已经到了，很高兴从您这里收获了这么多宝贵的信息，真的很感谢您！您今天所谈到的内容，一是关于……二是关于……三是关于……您看是这样吗？"

得体告辞

拜访的时间不宜太长

当拜访目的基本达到，而客户对结束会面已有暗示时，你应尽快圆满地结束谈话，以免使客户反感。如有未尽事宜，可以另约时间。一般来说，初次拜访，时间应控制在 15 分钟至 30 分钟之间。最长的拜访时间，也不宜超过两小时。

主动提出告辞

告辞时，一般应该主动向客户表示谢意："非常感谢您今天抽出时间与我见面。""打扰您那么长时间，非常感谢。"假如你还希望再次拜访，在主动说出告辞的话之后，可以顺便说一句："您看我什么时候再来拜访您？"好为自己预留下次拜访的时间。

检查随身物品

走时要检查随身物品，不要出现告辞后忘记东西又回去拿这种情况，这会让客户降低对你的印象分，由此判断你是一个丢三落四、粗心大意的人。

不要表露失望情绪

即使会谈不成功，离开时你也应该面带笑容，真诚地说："这次没有合作成功很遗憾，下次有机会还请多多关照。"

拜访结束后

与客户道别后并不意味着拜访已经圆满结束，还要做好最后两项工作：拜访后的分析和感谢。分析工作要尽快做，并记录下来。做记录的目的不是为了存档，而是为你日后的拜访提供资料。在你下次拜访之前，花几分钟时间浏览一下记录，你会更加胸有成竹。

对第一次拜访的客户，拜访结束后最好写一封感谢信，发电子邮件、打电话、发短信也可以。这样能给对方留下良好印象。

如果这次拜访有第三方介绍，一定不要忘记把拜访的情况告诉他，并对他表示感谢。

二、邀约：真诚有礼的通知

由于工作的原因，我们经常会举办各种类型、各种规模的活动，比如集展览、发布会、论坛、颁奖典礼、晚宴为一体的综合性盛会"中国国际美容时尚周"，业界高层的贵宾沙龙，小型的读者互动访谈，培训讲座等。因此，我对邀约的重要性有很深的体会。

在我看来，作为商务交往的第一步，恰当的邀约可以为交际活动的成功奠定良好的基础。从主办方邀请对象的规格和规模，可以看出这项活动的分量和影响力。因此，邀请者必须把邀约当作一项正规的商务活动看待，不可以掉以轻心。

邀约能否成功，与很多因素有关。但若能很好地把握邀约中的礼仪，将大大提高邀约成功的概率。

发出邀请，就如同发出一份礼仪性很强的通知，不仅要合乎礼仪、赢取良好回应，还必须符合各自的身份以及双方关系现状。

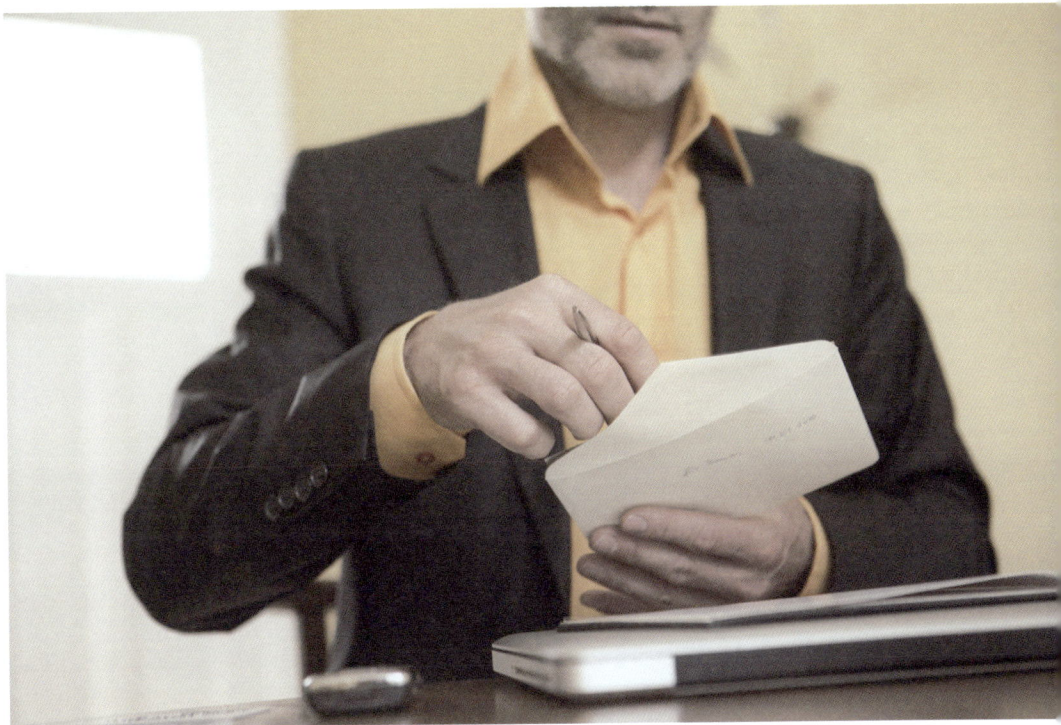

邀约的三大原则

选择合适的对象

　　商务活动中的邀约对象自然是能给你带来帮助的人。但有时也需要其他朋友作陪，可以根据商务活动的性质、需要及规模的大小来选择。一般遵循先主要后次要、先亲后疏的原则划定邀约范围，确定邀约名单。以社交式商务联谊活动为例，我觉得每次活动都应该有新鲜的血液补充，新老朋友的比例控制在 3:7 左右可以使氛围更加融洽。

　　宾客总人数也要控制好。一场社交式商务联谊活动，如果参加人数超过 100 人，场面就会变得不易控制；而人数不足 50 人时，活动又会缺乏激情。所以，此类社交式商务活动，宾客总人数最好控制在 80 人左右。

我们每届中国国际美容时尚周都会有一个针对业界高层人士的贵宾沙龙，我基本按以上原则进行邀约。为了尽量控制好来宾的人数、质量，我们会委婉告知各企业负责人不要带助手前往，从而保证了邀请对象在学识、年龄、身份、职位等方面的接近性，使他们容易形成共同话题，便于进行深入交流。这项活动非常受欢迎，来宾都感觉在这样轻松、平等又相对小众的环境中，能更好地联络感情、达成共识、寻找商机。

此外，受邀者应合理搭配，通常遵循黄金比例。可按照如下比例设计受邀者名单。

◎ 政府官员占 1/3，企业家占 1/3，社会各界知名人士占 1/3。

◎ 固定受邀者、熟悉的合作伙伴或老朋友占 2/3，新邀请的合作伙伴或朋友占 1/3。

我还有一点体会，即在偏男性化的商务活动中，适当邀请一些女嘉宾，这样可以使气氛更为和谐、活跃。

采用恰当的方式

邀约有正式与非正式之分。正式的邀约，多采用书面形式。非正式的邀约，通常是以口头传达，相对随便一些。

在正式邀约的诸多形式之中，档次最高也最为商界人士常用的当属请柬邀约。凡是精心安排组织的大型活动与仪式，如宴会、舞会、纪念会、庆祝会、发布会、开业仪式等，只有发请柬邀请嘉宾，才与活动的规格相称。

当然，我们也要具体问题具体分析。对于关系非常好的合作伙伴、朋友，通个电话、发个短信邀约也是可以的，这样虽然略显随便，但正因如此，反而会使被邀请者感到亲切自然。不过有一点需要注意，口头邀请客人参加活动时，应该直截了当地告诉对方你的来意，如："我们报社准备这个周六下午在五洲酒店组织关于女性魅力修炼的讲座，非常希望你能来参加。我们两点半开始，参加的都是各行业的优秀女性代表。你有时间过来听听吗？"不要在邀请对方之前拐弯抹角地问对方"你周六下午有安排吗？"或者"你周一晚上干什么？"这样对方对你的目的一无所知，也就不知道该怎样回答。

　　对于一些德高望重的受邀者，我们甚至需要按照一定规格派专人传达或亲自登门邀请，以示尊重。

　　总之，邀请的方式一定要认真权衡，因事而异，因人而异。

留出充足的邀约时间

　　中国人的商务宴请有一个不成文的规矩：提前三天通知叫"请"，提前两天通知是"叫"，当天通知为"抓"。主人的礼貌和诚意如何，可以从通知的时间上看出来。

　　正确的做法是：请柬应该提前一周至两周发出，邀约方式根据嘉宾而定。请嘉宾在规定时间回复是否参加。自己要列一张参加活动的嘉宾姓名及职务的名单，并按照姓氏拼音顺序打印。所有参加活动的嘉宾在签到时都可以得到一份完整的来宾名单。这样有助于来宾之间互相结识交流，也扩大了你主办的商务活动的影响力。

　　总之，成功的邀约秘诀讲究一个"诚"字。真诚相约，尽可能地为邀请对象着想。你的体贴、周到，一定能够吸引更多的合作伙伴如约而至。

应对邀约

　　任何书面形式的邀约，都是邀请者经过慎重考虑之后发出的。因此，商务人士接到来自单位或个人的书面邀约时，及时、正确地进行处理是必要的礼节。不管是否接受对方的邀请，都应该按照礼仪规范给予明确合"礼"的回复。置之不理、厚此薄彼、草率从事，都是不妥的。

尽快答复

积极处理的第一步，是要尽快答复邀请者自己是否出席。

为了便于邀请者做到心中有数，进行妥当的准备与安排，被邀请者在接到邀请之后，不论邀请者对于答复有无规定，出于礼貌，都应尽早告知对方自己是否出席。一般应在接到邀约之后三日内答复，而且答复得越早越好。

尽量参加

收到别人寄来的正式邀请函时，若没有特别重要的事情或临时变故，都应该尽可能地参加，因为信函邀请非常正式，即使临时有人用电话约你，你也要先保证出席信函邀请的活动，和其他人再另约时间。

对于邀请函上规定的赴约要求，被邀请者在原则上都应当接受，并且"照章办事"。

礼貌回函

答复邀请函，通常采用书信形式。在商务礼仪中，它被称为回函。回函基本上都需要亲笔书写，以示重视。如果打印回函，则至少应当亲笔签名。

　　在回函中，应当对邀请者表示感谢，并且对能否接受邀约这一关键性问题做出明确答复。切勿避实就虚，让人觉得"难解其中味"。如果拒绝，则讲明理由。

　　回函的写法可参照邀请函。在人称、语气、措辞、称呼等方面与之对应，就不会失礼。

　　例：接受邀约的回函

　　骏捷公司董事长兼总经理王鑫先生非常荣幸地接受华文广告公司总裁汪劲松先生的邀请，将于1月20日9时准时出席华文广告公司的开业仪式。谨祝开业大吉，并顺致敬意。

客气谢绝

　　不管什么性质的活动，如果受邀者接到邀请函后因故不能参加，必须事先向邀请者作礼貌性说明。谢绝理由应当充分，比如自己有病在身、家人得病需要照顾、活动当天有要事或出差等。在谢绝邀约时，请不要忘记向邀约者表示谢意，并预祝活动圆满成功。

　　例：拒绝邀约的回函

　　尊敬的李强先生：

　　我深怀歉意地告知您，由于本人明晚将乘机飞往德国法兰克福市洽谈生意，故而无法接受您的邀请前往鼎新饭店出席贵公司举办的新品发布会。恭请见谅，谨致谢忱。

　　此致

敬礼！

王鑫　敬上

1月16日

答谢邀约

一般来说，我们不需要答谢舞会、正式典礼及付费参加的商务社交活动。但受邀参加在别人家里或个人举办的社交活动（如在酒店或者俱乐部举办的派对）时，应该以某种形式答谢主人。

不必用主人招待你的方式回请主人。你是要感谢主人的殷勤好客，不是复制你所参加的活动。比如，你参加了正式的晚宴后，可以邀请主人一起参加音乐会。你也不需要马上答谢主人，通常在一两个月后表达谢意即可。

谢绝对方的邀请后承担的社交责任相对少很多。不过假如对方举办活动的目的就是为了款待你，那么你需要在不久之后回请对方。

晓梅指津

接受了邀请又无法出席怎么办

只有当你具备充分的理由时，才能在接受邀请后反悔，如生病、受伤、要参加无法推掉的商业或学术活动等。一旦出现这种情况，你应该尽快打电话告诉邀请人，向他解释更改决定的原因，并且请求对方谅解。如果情况特别突然，你无法在活动之前通知主人，也要在方便的时候尽快联系他。

谢绝了邀请又打算出席活动怎么办

有时因为事情发生变化，我们会发现自己又有时间参加原来谢绝的活动。只要你临时决定出席活动不会给邀请人带来麻烦，并且你和邀请人非常熟悉，那么你可以马上给他打电话，告诉他现在情况发生了变化，你完全可以参加他的活动。如果受邀参加的活动非常正式，临时把你加入客人名单可能打乱邀请人的计划，增加额外开支，最好还是保留这份遗憾，放弃参加活动。

三、请柬：邀请的首张名片

　　请柬的重要性可以与你初次与人见面时递出的名片及衣着打扮相提并论。人们通常会因你的名片、衣着打扮而对你留下第一印象，并初步了解你的身份、个性。同样的道理，人们也可以从请柬中清楚地了解商务活动的风格和目的。

　　对于一般的邀请，从文化用品商店挑选请柬就可以了。但对于大机构的大型活动或极富特色的专门活动，最好专门设计印制请柬。每届中国美容时尚周，我们都会在请柬设计上花费大量精力。独具创意的请柬能给被邀请者留下深刻的第一印象。

关于请柬的礼仪细节

　　请柬又称请帖，一般由正文与封套两部分组成。在请柬的行文中，通常包括活动形式、活动时间、活动地点、活动要求、联络方式以及邀请人等六项内容。下面是书写、递送请柬的一些礼仪细节。

　　◎ 请柬的封套上，被邀请者的姓名要写得清楚、端正。一是向对方表示尊重与敬意，二是为了确保它被准确送达。

　　◎ 请柬正文的用纸，大都比较考究，一般用厚纸对折而成。以横式请柬为例，对折后的左面外侧多为封面，右面内侧则为正文。

　　◎ 在请柬的左下方注有"备忘"二字，意在提醒被邀请者届时毋忘。这是一种国际惯例。西方人在注明"备忘"时，通常都用

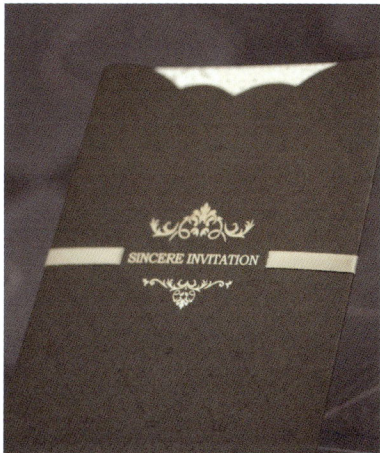

同一个意思的法文缩写"P.S."。

◎ 在请柬上亲笔书写正文时，应用钢笔或毛笔，并选择黑色、蓝色的墨水。红色、紫色、绿色、黄色以及其他颜色鲜艳的墨水，则不宜采用。

◎ 一般请柬中不会说明活动结束的时间，不过也有例外的情况。当活动之后还有其他安排，例如在开幕式活动之后举办鸡尾酒会等，就需要在请柬中注明结束时间，以便给客人留出充足的时间赶去下一个活动。

◎ 一般来说，请柬都应该加封，邮寄的更应如此。如果在这方面草率对待，就不能给对方以庄重的感觉。

◎ 无论是当面递交还是邮寄请柬，都得考虑留出足够的投递时间，否则被邀请人接到请柬时活动也许已经结束了。但也不能太早投递，如果发出时间与活动时间相隔过长，可能被人遗忘。

◎ 请柬中应避免出现"准时"二字。正文后可根据不同的情况采用"敬请光临""恭请光临""请光临指导"等结束语。我们时常会在请柬上看到"请届时光临"的字样。"届时"是"到时候"的意思，表示出邀请者的诚意。但有些请柬把"届时"改成了"准时"，这样就变成了命令式语气，显得邀请者高高在上，这是对被邀请者的不尊敬。

◎ 请柬发出后，可以用电话询问对方能否出席。主办方要及时落实出席情况，以安排调整座位。

◎ 如邀请夫妇二人，国际上的通常做法是合发一张请柬。而国内有些活动须凭请柬入场，因此要夫妇各发一张。

请柬中的备忘内容

着装要求

重大活动一般会在请柬中注明着装要求及其他附加要求。

回复要求

一般情况下，需要安排座位的宴请活动为了准确掌握来宾出席情况，会要求被邀请者答复是否出席。你可以在请柬上注明"敬请答复（R.S.V.P.）""如蒙光临，请予函告""能否出席，敬请答复""盼赐惠复"。需要不能出席者答复时，则注明"如不能出席请答复"。

为确保被邀请者准确无误地将信息反馈给邀请者，在邀约正文的左下方，要将邀请方的联络方式一一详尽列出，通常包括：联系人、电话号码、传真号码、电子邮箱、邮政编码以及通信地址。以上这些内容不必全部列出，可以根据具体情况从中选择。不过电话号码这一项，原则上是不能缺少的。

依照国际惯例，请柬邀约中，请被邀请者做出回复，通常都采用英文或法文的专用词组和缩写。以下为几个常见的缩写。

To remind：备忘，提醒被邀请者勿忘参加活动。

R.S.V.P.：不论出席与否，均望答复。

Regrets only：不能出席时，请予以答复。

这些外文词组与缩写一般应当书写在正文的左下方。

举办地位置说明

如果活动地点比较偏僻，或者不为大家所熟悉，应在请柬上注明行车路线、乘车班次和简明路线示意图。

四、送礼：用心意打动他人

商业社会，送礼也是一门学问，从送礼的时机、地点到选择礼品，都需要费心思。很多公司有专门的备案，记录主要关系公司、关系人物的身份、爱好、生日，

逢年过节或特殊日子，都有例行或专门的礼物。这样做，反映了送礼者的真心关注，赠送礼物的过程也变为一个播种和收获的过程——送礼人种下心意愿望，受礼人收获愉悦满足。

商务赠礼

礼品体现公司的形象，送给合作伙伴的礼品应是高品质的，表明公司拥有良好的品位和提供高品质礼品的能力。此外，礼品应尽可能与对方送给你的礼品价值相当。如果礼品质低价廉，不仅不恭敬，还直接影响公司形象。

送礼的时机一般在双方谈生意前或结束时，最好不要在谈生意当中送礼。如果只送一件礼物，要送给职位最高的人。如果送礼物给许多人，要注意给同级别的人送相同的礼品。

送礼送到对方心里

礼物代表着送礼人独一无二的心意。因此，礼品的选择应与你的心意相符，使受礼人感受到礼物的非同寻常，从而备感珍贵。

最好的礼品是根据对方情况选择的，富有意义，耐人寻味，品质不凡却不显山露水。选择礼物时，要考虑它的艺术性、趣味性、纪念性，力求别出心裁、不落俗套。要了解对方的品位，送礼不是使自己高兴，而是要让别人开心。

◎ 送营养品、食品、化妆品等应注意保质期，过期不能送，离保质期最后期限不远也不要送。

◎ 送礼物首先要撕掉价签。送一份明码标价的礼物好像在提醒对方这份礼物的价值，暗示对方要回赠礼物相等价值的，这样会让送礼变成等价交换。

◎ 精心挑选包装。礼品不是自用，好的内容重要，好的形式更添彩。

◎ 自制的礼物是世上独一无二的，它的个性化会表达你的心意。

◎ 领带和腰带不宜送给男性，除非你和他有亲密关系。因为这些东西有要拴住对方的意思。同样，送女性项链、戒指也不太合适。

◎ 避免送鲜货。即使是给热爱烹调的主妇送礼，也不应该送鸡鸭鱼肉菜蔬。保鲜上的困难不说，它拿来就做、进口就吃的特性会让它不太像是个礼物。

◎ 送给远方客人的礼品，要不易碎、不笨重，便于对方携带。

礼品选择轻重得当

送礼时要合理衡量礼品的价值：这份礼物会因太便宜而失礼，还是会因太贵重而突兀？礼品的价值应根据你与受礼人的关系来衡量。我有一个建议，就是不赠送过于贵重的礼品。在发达国家，送礼一般不送贵重礼品，否则会给对方造成还礼的压力。礼物应该用来表达心意，而不是用于交换钱财。因此，礼物的价值高低要以对方能够愉快接受为尺度。

送礼时间间隔适宜

送礼的时间间隔也很有讲究，过于频繁或间隔过长都不合适。有人求助心切，总是买许多东西大包小包地送上门去，想以大方博得对方的好感。其实不然，频繁送礼目的性太强，而且礼尚往来，人家还要还情于你，频繁给人送礼并不合适。一般来说，可以选择重要节日、生日送礼，这样既不显得突兀虚套，受礼人收得也心安理得，两全其美。

找对时机送好礼

礼物一般应当面赠送。但婚礼礼物可以事先送去。节日贺礼可派人送去或邮寄，并随礼品附上你的名片或贺卡。

通常情况下，当众给一群人中的某一个人赠礼是不合适的，就算是关系密切的人也不行。一来受礼人有受贿之嫌，没有受礼的人也会有受冷落轻视之感。只有表达特殊情感的纪念品才适宜在大庭广众下赠送，因为这时公众已变成你们真挚感情的见证人。

如何接受礼物

当对方向你赠送礼物时，不管自己在做什么，都应该立即中止，起身站立，面向对方。接受礼物时，应当态度友善、举止自然，切忌过于兴奋，双眼紧盯住礼物不放。也不能虚情假意地敷衍，或表现得过于冷淡。

接受礼物时应该用双手，向对方表示谢意，然后才可拆开或者暂时放在一边。不要单手去接，特别是不要用左手去接。

如果接受的是鲜花，还可以欣赏一下并闻一闻花香，让送花人感受到你对花的喜欢。

礼物要当面打开

收到礼物最好当着对方的面拆开，以便大家共享礼物的快乐。在打开礼物之前，应当首先认真地看礼物上附带的卡片，然后细心地撕开礼物包装，尽量不要撕得太难看。看到礼物后应发自内心地表示喜爱，并再次感谢送礼者。

收到礼物最好当着对方的面拆开。

礼轻礼重情意浓

前几年，我的一个朋友去东南亚旅游，回来时带了不少礼物送给大家，其中一个同事得到了一件很漂亮的锡器花瓶，造型很精致、很独特。这本是件很开心的事情，但她的一句话让本来很欢快的气氛一下子凝滞了。她拿着花瓶打量了一圈，问："这是真的吗？不是仿造的吧？"也许她只是无心之问，但听起来却让人不是滋味。

礼物承载的是送礼人的祝愿和情感。当一本书、一瓶酒或一幅画作为礼物，由一双手送到另一双手中时，它就不再是一件简单的物品，更是一份心意。对礼物的挑剔、冷淡和否定，是对送礼人的不尊重。对待他人的赠礼，无论中意与否，都要真诚但不夸张地表达自己的喜悦，即使有些失望和不如意，也要善意地掩藏起来。

如何拒绝礼物

有时候对于别人赠送的礼物，你会觉得无法接受。在拒绝礼物的时候一定要注意礼貌，否则会使双方都很尴尬。

在商务往来中，如果别人赠送贵重礼物给你，可以直接告诉对方不能收礼物的原因。例如说："我们公司有规定，不能私自收礼。您还是别破费了，事情能办我会尽力的。"

如果当着很多人的面拒绝会让对方很难堪，这时不妨先将礼物收下，然后私下将礼物原封不动地退还。收下的礼物不能拆封，更不应该使用，要争取在24小时以内送还，否则容易让人误会你已经收下。

有时对方给你的礼物可能不适合自己，如果想转赠他人，一定要慎重。要仔细查看受赠礼品没有质量问题时才能转赠，而且不能转赠给与送礼者相识的人。此外，具有特殊纪念意义的礼物是不能转赠的。

"后会有期"的回礼时机

如果还礼过早，别人会觉得是"等价交换"，或怀疑你想跟他"划清界限"；如果拖延太久，等事情完全冷却了再还礼，效果也不好。

选择还礼的时间，要讲究"后会有期"。以下是几种很好的还礼机会。

◎ 对方或对方家人的某个喜庆活动时。

◎ 登门拜访时。

还礼的时候要选择得体的形式。下面几种还礼形式可以借鉴。

◎ 赠送同类物品。比如，你送我书刊，我可以给你影碟。

◎ 赠送和对方相赠礼品价格差不多的物品。

◎ 不必非要还礼，用向对方表示谢意和尊重的方式来代替。比如，受礼后向对方致谢，见面的时候使用对方的赠礼。

五、谈判：有礼有谋的博弈

谈判并非人与人之间的一般性交谈，而是双方在目标明确的情况下，充满策略与技巧的斡旋。虽然谈判讲究的是理性和利益，但并不意味着它绝对排斥人的思想和情感。在任何谈判中，礼仪都一向颇受重视。其根本原因在于，在谈判中以礼待人，不仅体现着自身的教养与素质，而且还会对谈判对手的思想、情感产生一定程度的影响。

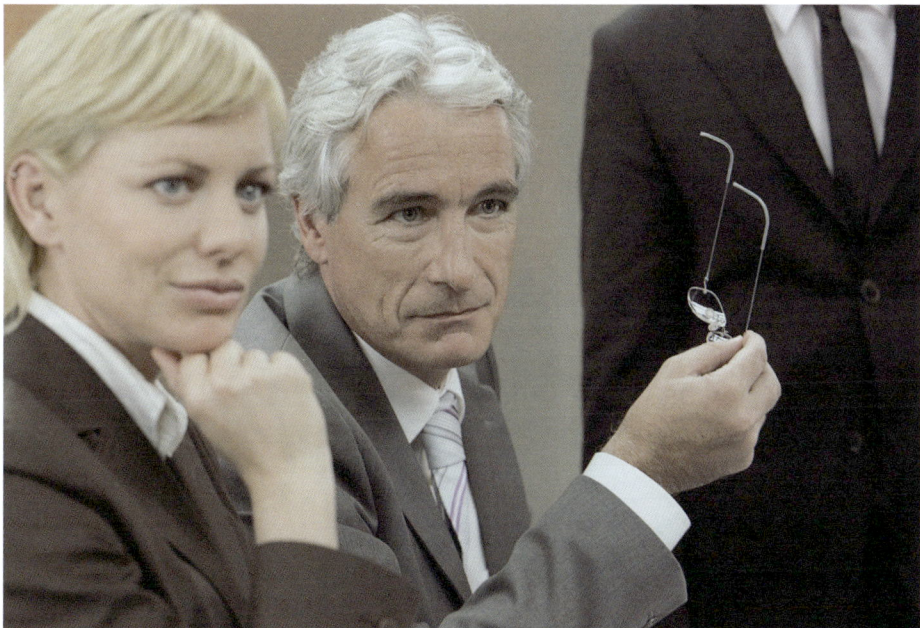

商务谈判

商务谈判的礼仪要求

形象准备

讲究穿着打扮。应选择深色套装、套裙。

认真修饰个人仪表。尤其要选择端庄、雅致的发型。一般不宜染彩色头发。此外，谈判者的指甲、胡须、体味等都是个人形象的组成部分。

精心化妆。女性应当认真化妆，妆容应淡雅清新、自然大方，切不可浓妆艳抹。

心平气和

在谈判中始终保持心平气和，有助于在瞬息万变之中明察秋毫、以静制动，争取谈判的主动权，也是高明的谈判者应有的风度。

争取双（多）赢

从本质上来讲，真正成功的谈判，一般以妥协，即各方相互让步为结局。也就是说，谈判不应当以"你死我活"为目标，而应当使各方互利互惠，各有所得，实现双（多）赢。在谈判中，只注意争利而不懂得适当让利，只顾己方目标而期望对方一无所得，既没有风度，也不会真正赢得谈判。

人事分开

在谈判中，必须明白自己与对手之间的关系是"两国交兵，各为其主"。因此，要正确地处理己方人员与谈判对手之间的关系，做到人与事分别而论。谈判归谈判，朋友归朋友。在谈判之外，对手可以成为朋友；在谈判之中，朋友依然可以成为对手。两者不可混为一谈。

多听少说

缺乏经验的谈判者的最大弱点是不能耐心地听对方发言，他们错误地认为说得多才掌握了谈判的主动权。其实，成功的谈判者在谈判时一般将 50% 以上的时间用来听。他们边听、边想、边分析，不断向对方提出问题，以确保自己正确地理解对方。他们仔细听对方说的每一句话，而不只是听他们认为重要或想听的话，从而获得大量潜在信息，增加了谈判的筹码。

巧用身体语言

将手搭在椅子的扶手上是强者彰显自身权威的一种方式。而弱者在坐下时则会将手垂落在椅子扶手的内侧。除非你故意想告诉别人你是个弱者，不然就千万不要摆出这种姿势。

商务谈判的座次

双边谈判

指两方人士所举行的谈判。双边谈判的座次排列主要有两种形式。

横桌式

谈判桌在谈判室内横放，客方人员面门而坐，主方人员背门而坐。除双方主谈者居中就座外，其他人员依其具体身份，以居中者为参照点，按先右后左的顺序就座。双方主谈者的右侧之位，在国内谈判中可坐副手，在涉外谈判中则由翻译就座。

竖桌式

谈判桌在谈判室内竖放。具体排位以进门时的方向为准，右侧由客方人士就座，左侧则由主方人士就座。其他方面与横桌式排座相同。

横桌式

多边谈判

指由三方或三方以上人士所举行的谈判。多边谈判的座次排列，也可分为两种形式。

自由式

各方人士自由就座，无须事先安排座次。

主席式

在谈判室内，面向正门设置一个主席之位，供各方代表发言时使用。其他各方人士，则一律背对正门、面对主席之位分别就座。各方代表发言后，须下台就座。

设置座签

按照惯例，双边谈判中应设置座签，多边谈判中则大多不需要设置座签。座签应以印刷体打印。如果是涉外场合，则应同时采用本国文字与外方文字。通常，姓名应当一面一种文字，以本国文字面对自己，以外方文字面对对方。

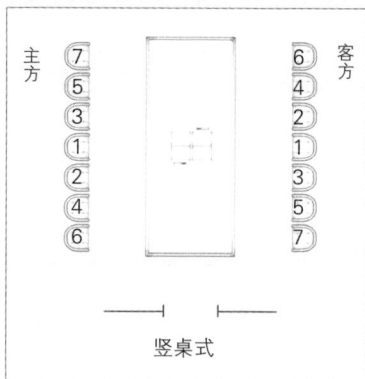

竖桌式

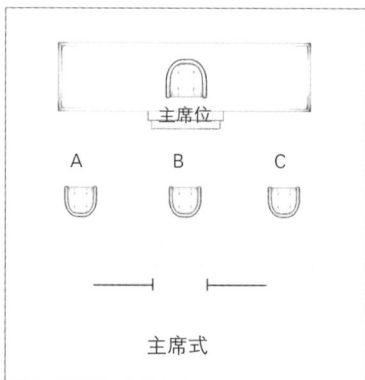

主席式

商务签约

签约仪式的座次

签字仪式座次的排列方式由主方排定。座次排列有以下三种基本形式。

并列式

这是举行双边签字仪式时最常见的形式。基本做法是：签字桌在室内面门横放。双方出席仪式的全体人员在签字桌之后并排排列，双方签字人员居中面门而坐，客方居右，主方居左。双方各自的助签人分别立于己方签字人的外侧，以便随时给签字人提供帮助。

相对式

这种方式与并列式的排座基本相同。二者之间的主要差别是相对式排座将双边参加签字仪式的随员席移至签字人的对面。

主席式

主要适用于多边签字仪式。其操作特点是：签字桌仍在室内横放，签字席设在桌后，面对正门，但只设一个，并且不固定就座者。举行仪式时，各方所有人员，包括签字人在内，皆应背对正门、面向签字席就座。签字时，各方签字人应以规定的先后顺序依次走上签字席就座签字，然后退回原位就座。

六、位次：长幼尊卑要遵守

有一次，我陪同一位重要的客人参加商务谈判，谈判进行得很顺利，双方初步达成了合作意向。之后，主人举行了一个小型餐宴，这位客人作为贵宾一直受到殷勤周到的接待，但被热情地引

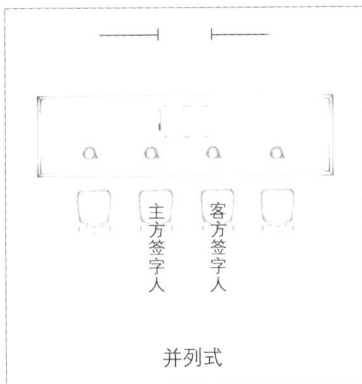

并列式

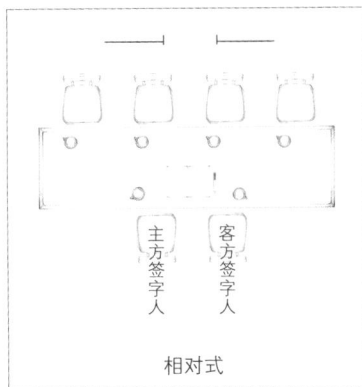

相对式

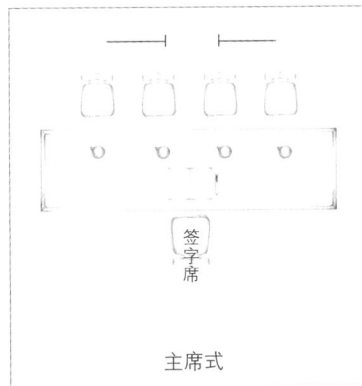

主席式

到餐桌前就座时，却被安排在最下座。结果，用餐时气氛就不那么融洽，最后合作的事情也不了了之。

位次是商务礼仪的重要部分，它反映出个人和公司的基本素养，需要特别注意。通过恰当妥善的位次安排，来宾能感受到自己被认可和尊重的地位，以及举办方细致的工作作风和态度。餐宴上的座次没有摆好摆对，摆上再好的鱼翅燕窝都是没有用的。

行进时的位次

行进时

陪行时走在左前方带路。接待人员中应该有一位在左前方带路，其余的人按尊卑顺序在左侧陪同来宾一起前行。

与客人并排行进或单行行进时，有不同的做法。

◎ 并排行进的要求是中央高于两侧，内侧高于外侧。一般情况下，应该让客人走在中间或者内侧。比如，我国道路规则是行人靠右，因此人行道的右侧是安全而

1 2 3 4

1. 与客人并排走时，让客人走在内侧。

2. 与客人单行走时，让客人走在前面。

3. 接待员在前面带路时，与客人保持一步之遥，身体侧向客人，用左手引导。

4. 接待员完全背对客人是失礼的。

又尊贵的位置，应让客人走，接待人员则在左侧。当走到车辆较多或人多处，接待人员应先走几步，同时提醒和引领客人。

◎ 与客人单行行进时，标准是前方高于后方。以前方为上，如果没有特殊情况，应该让客人走在前面。

◎ 在客人不认路的情况下，接待人员要在前面带路。接待人员的标准位置是客人的左前方 1 ~ 1.5 米。别离太远，也别离太近，保持与客人一步之遥。行进时，身体侧向客人，用左手引导。如果完全背对客人，也是不礼貌的。

你走在楼梯的哪一边

上下楼是商务交往中经常遇到的情况。简单地说，上下楼时应靠右侧单行行进，以前方为上。把选择前进方向的权利交给客人。但是当男士接待身着短裙的女宾上下楼时，男士要走在女宾前面，以避免短裙"走光"的尴尬。

会客时的位次

会见客人时，对于让座的问题应予以重视。一方面，需要遵守礼仪惯例；另一方面，也要讲究主随客便。总体来讲，会客时应当恭请来宾就座于上座。会见时的座次安排，大致有以下五种方式。

相对式

即宾主双方面对面而坐。这种方式显得主次分明，易于使宾主双方公事公办，保持距离，多适用于公务性会客。通常又分为两种情况。

◎ 双方面对面就座后，一方面对正门，另一方背对正门。此时讲究"面门为上"，即面对正门之座为上座，应请客人就座；背对正门之座为下座，宜由主人就座。

◎ 双方面对面就座于室内两侧，此时讲究进门后"以右为上"，即进门后右侧之座为上座，应请客人就座；进门后左侧之座为下座，宜由主人就座。当宾主双方不止一人时，情况也是如此。

并列式

宾主双方并排就座，以暗示双方平起

当男士接待身着短裙的女宾上下楼时，男士要走在女宾前面。

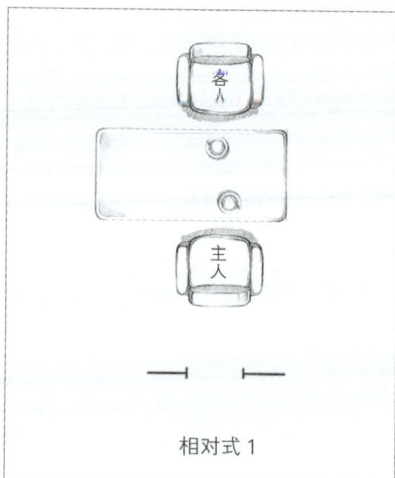

相对式 1

平坐，关系密切。具体也分为两种情况。

　　◎ 双方一同面门而坐。此时讲究"以右为上"，即主人要请客人就座于自己的右侧。若双方不止一人时，双方的其他人员可分别在主人或主宾的一侧，按身份高低依次就座。

　　◎ 双方一同在室内的右侧或左侧就座。此时讲究"以远为上"，即距门较远之座为上座，应请客人就座；距门较近之座为下座，宜由主人就座。

居中式

　　居中式排位是并列式排位的一种特例。具体情况是，当多人并排就座时，讲究"居中为上"，以中央的位置为上座，请客方人员就座；以中央两侧的位置为下座，由主方人员就座。

主席式

　　主席式适用于由主人一方同时会见两方或两方以上客人的场合。此时，主人面对正门而坐，其他各方客人则在其对面背门而坐。这种安排犹如主人正在主持会议，故称之为主席式。有时，主人也可坐在长

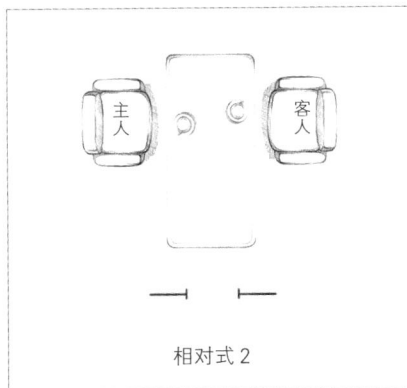

相对式 2

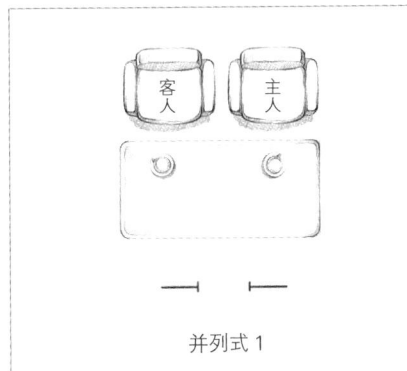

并列式 1

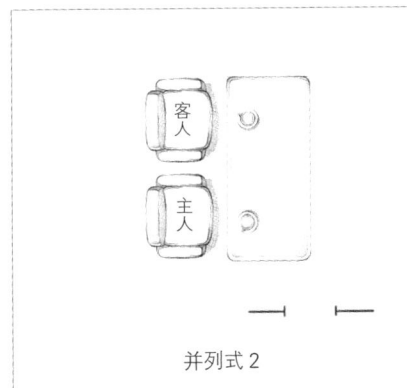

并列式 2

桌或椭圆桌的一端,各方客人坐在他的两侧。

自由式

即会见时各方均不分主次、不讲位次,一律自由择座。自由式通常用在客人较多、座次无法排列,或者大家都是亲朋好友,没有必要排列座次时。进行多方会面时,也常常采用自由式。

合影时的排位

国内合影时的排位,一般讲究"居前为上""居中为上"和"以左为上"。具体来看,它又有"人数为单"与"人数为双"的分别。

在涉外场合合影时,应遵守国际惯例,讲究"以右为尊",即主人居中,主宾居右,其他人员按"主左宾右"的原则依次排开。

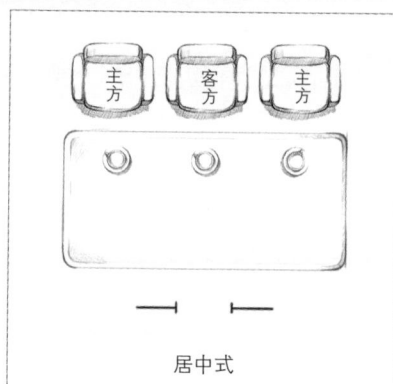

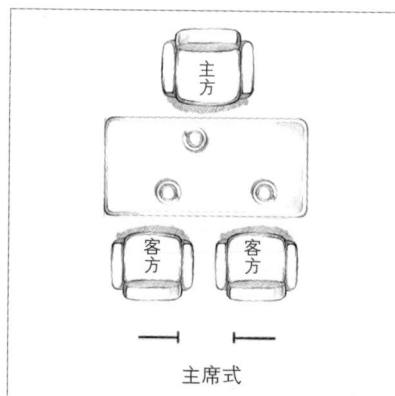

居中式

主席式

七、会议：礼仪细节定成败

举行正式会议时，通常应事先排定与会者的座次，尤其是其中具有重要身份者的具体座次。越是重要的会议，它的座次排定就越受各界关注。

国际惯例是以右为尊，商务礼仪遵循的是国际惯例，一般以右为上，坐在右侧的人为地位高者。而在国内的政务交往中，往往采用中国的传统做法，以左为尊。

小型会议选准主席位

小型会议，参加者较少，规模不大。它的主要特征是全体与会者均应排座，不设立专门的主席台。小型会议的排座，目前主要有如下三种具体形式。

自由择座

不排定具体座次，由全体与会者自由地选择座位就座。

面门设座

一般以面对会议室正门之位作为会议主席之座。其他与会者可在其两侧自左而右地依次就座。

依景设座

指会议主席的位置不面对会议室正门，而是背对会议室内的主要景致，如字画、讲台等。其他与会者的排座，则同于面门设座的排位方式。

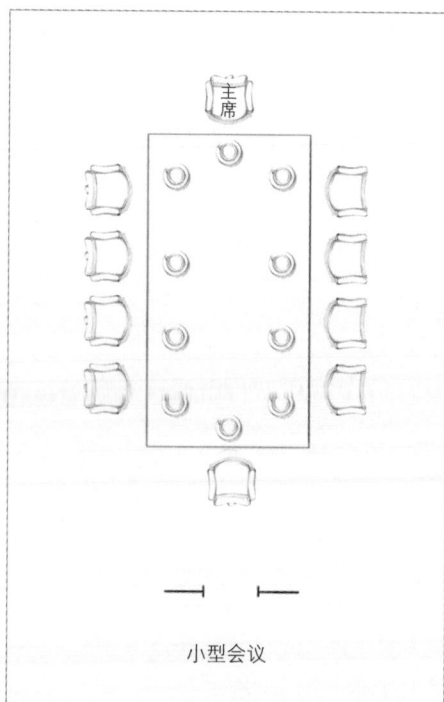

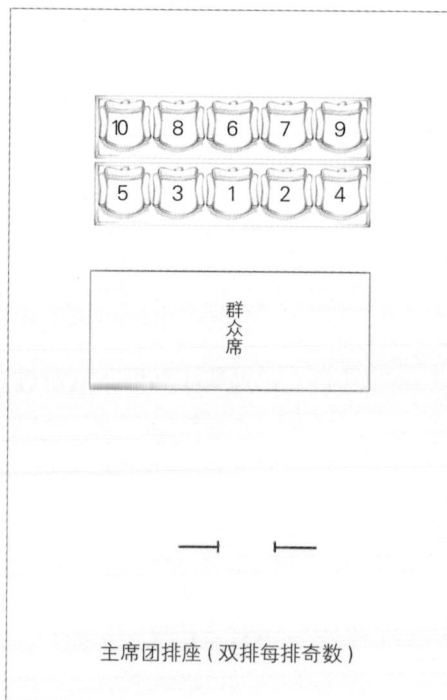

小型会议

主席团排座（双排每排奇数）

大型会议须设主席台

大型会议,与会者众多,规模较大。它的最大特点,是会场上应设主席台与群众席。前者必须认真排座,后者的座次则可排可不排。

主席台排座

大型会场的主席台,一般应面对会场主入口。在主席台就座之人,通常应当与在群众席就座之人面对面。

主席台排座,包括主席团排座、主持人座席、发言者座席三个方面的问题。

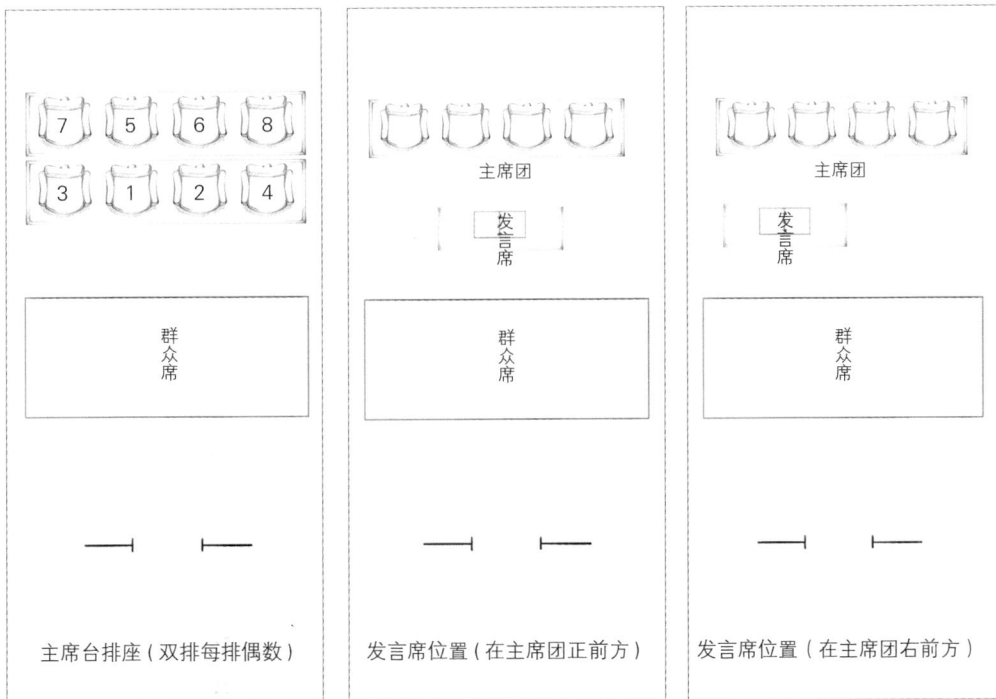

主席台排座(双排每排偶数)

发言席位置(在主席团正前方)

发言席位置(在主席团右前方)

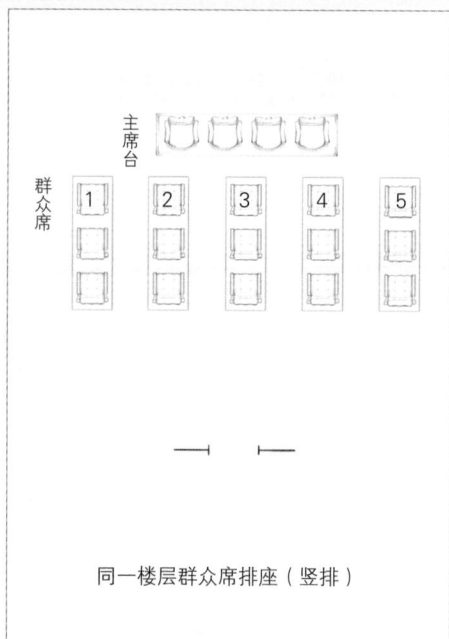

同一楼层群众席排座（竖排）

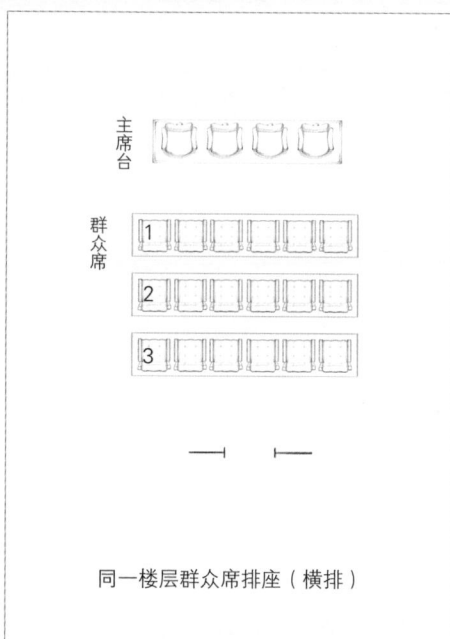

同一楼层群众席排座（横排）

主席团排座

主席团，指在主席台上正式就座的全体人员。国内目前排定主席团位次的基本规则有三种。

一是前排高于后排，二是中央高于两侧，三是左侧高于右侧。具体来讲，主席团的排座又有奇数与偶数的区分。

当主席团人数为奇数时，1号领导居中，其他人根据职务围绕1号领导"一左一右"依次排列（2号领导在1号领导左边，3号领导在1号领导右边）。

当主席团人数为偶数时，1号领导、2号领导同时居中，2号领导在1号领导左边，3号领导在1号领导右边，其他人根据职务延续"一左一右"的原则依次排列。

主持人座席

会议的主持人，又称大会主席，其具体位置三种可供选择：一是居于前排正中央；二是居于前排的某一侧；三是按其具体身份排座，但不要安排在后排。

发言者座席

发言者座席，又叫作发言席。在正式会议上，发言者发言时不宜就座于原处，而应在发言席进行发言。发言席的常规位置有两种：一是主席团的正前方；二是主席团的右前方。

群众席排座

在大型会议上，主席台之下的一切座席均称为群众席。群众席的具体排座方式有两种。

自由式择座

即不进行统一安排，由大家自由择位而坐。

按单位就座

指与会者在群众席上按单位、部门或者地区、行业就座。它的具体依据，既可以是与会单位、部门的汉字笔画顺序，也可以是平时约定俗成的序列。按单位就座时，若分为前排后排，一般以前排为高，后排为低；若分为不同楼层，则楼层越高，排序越低。

在同一楼层排座时，又有两种方式：一是以面对主席台为基准，自前往后横排就座；二是以面对主席台为基准，自左向右竖排就座。

圆桌会议讲究平等

举行多边洽谈时，按照国际惯例，一般要以圆桌为洽谈桌，举行"圆桌会议"。

这样一来，尊卑的界限就被淡化。即便如此，在具体就座时，仍然讲究各方的与会人员尽量同时入场、同时就座。而且主方人员不要在客方人员之前就座。

参会者需要注意的礼仪细节

对于商务人士而言，除了参与组织会议之外，更多的是以与会者的身份参加各种商务性会议。参加会议同样有一定的礼仪规范。这些规范不仅可以确保会议顺利进行，而且还包含对与会者约定俗成的礼仪要求。

签到礼仪

进入会场一般要签到，会议签到是为了及时、准确地统计到会人数，便于安排会议工作。

有些会议只有达到一定人数才能召开，否则会议通过的决议无效。因此，会议签到是一项重要的会前工作。会议参加者应该准时入场。对于隆重场合，如果能比预定时间提前5分钟到达，则更能体现效率原则。

聆听礼仪

开会时应坐姿端正，精神饱满，切忌挠头、抖腿等不雅举止。聆听发言时要专心致志，注视发言人，不要交头接耳，东张西望。聆听的过程更是一个积极思考的过程，要边听边想，敏锐把握发言人话语里的深层含义。只有准确地把握了他人的真实想法后，才能使自己做出正确的判断。发言结束时，应鼓掌致意，中途退场应轻手轻脚，不要影响他人。

关掉所有通信器材

参加会议时，要关掉所有的通信器材，或者调成静音模式。可以带电脑进入会议室，但是电脑中的内容必须跟会议有关，不能上网聊天或打游戏。

不随便离席走动或打电话

所谓既来之则安之，一旦会议正式开始，与会者就不能随便离席，即使你对会议议题毫无兴趣，也要耐着性子认真开会。在会议中随便离席走动或打电话，会扰乱会场秩序，也会分散其他人的注意力。认真参会、不乱走动是与会者素质的一种体现，反映了与会者对会议及其他与会者的尊重。

不要随便打断别人讲话

一些与会者不等发言者说完就频频提问，打断别人，这种行为会将发言者和会议主席置于十分尴尬的境地。一方面，出于礼貌，发言者不得不中断发言，回答这些直率的提问，有时还得再一次重复自己的观点；另一方面，这样会将会议拖入不断重复的境地，使会议目标无法完成。开会时要注意倾听，有不清楚的地方，可以先记录下来，等发言者讲话告一段落时再提问。

CHAPTER 6

商务宴请礼仪

BUSINESS ETIQUETTE

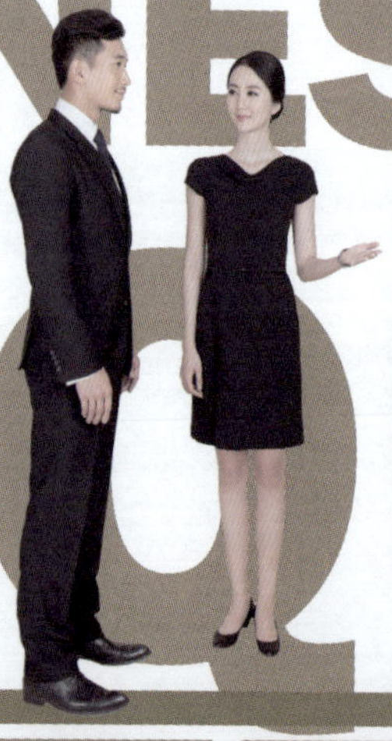

一、订餐：商务宴请的重要环节

在商务宴请中，提前预约是非常重要的环节。这样做的主要目的是避免客户因没有座位败兴而归。在我看来，订餐不仅可以给客户提供方便，带来尊贵感，还可以达到花同样的钱获得更高雅舒适的用餐空间的目的。

订餐前的准备

了解客人

你需要了解赴宴的客人人数、宴会规格、风俗习惯、生活忌讳、特殊需要。对于规格较高的宴会，还要了解宾客的年龄和性别，有无席次表、座位卡，是否看表演，他们的要求、想法等。

了解餐厅

你需要了解宴会厅是否有空，宴会厅的规模及各种设备的情况，宴会菜肴、饮料的价格，各类宴会的菜单，可变换递补的菜单，可供选用的酒单，饭店可提供的服务规格及配套服务项目，有无场地布置、环境装饰，提前、推迟、取消预订宴会的有关规定等。

安排宴请时间

宴请时间可根据主方的实际需要而定，但也应该适当照顾客人。以我的经验来看，在安排宴请时间时要注意以下几个问题。

宴请时间

如果是公司开业、周年庆祝，可按主人需要安排宴请时间；如果是接风送行，则应按客人时间来定；如果是商业聚会，应安排在主人客人都方便的时间，并考虑多数宾客能来参加的时间，尤其是主要宾客最合适的时间。另外，单独邀请异性就餐，最好选择午餐而不是晚餐。

适当控制用餐时间

对于用餐时间，有必要加以适当控制。既不能匆匆忙忙走过场，也不能拖拖拉拉耗时间。一般而言，中餐正式宴会的用餐时间为 1.5~2 小时，非正式宴会的用餐时间为 1 小时左右，而便餐的用餐时间仅为半小时。一个谈判周期，安排宴请 3~4 次为宜，即接风、告别各 1 次，中间 1~2 次视谈判周期而定。

订餐细节须注意

正式、隆重的官方宴会一般应安排在政府指定的宴会场所或客人下榻的酒店。

举行小型正式宴会，宴会厅外应另设休息厅（又称等候厅），供宴会前宾主简短交谈，待所有人到齐后一起进入宴会厅入席。

选择大家都喜欢的地点用餐，让聚会的每个人都有宾至如归的感觉。

请熟悉的人去不熟悉的餐厅，请不熟悉的人去熟悉的餐厅。对熟人，可以去以前没去过的饭店尝尝鲜、探探路。而请不熟悉的人，则要对餐厅的菜点、服务质量等情况了然于胸，才能达到请客的目的。

二、赴宴：仪表仪态为宴请增值

在社交活动中，人们常常根据对方的仪表、举止、谈吐、服饰等表面特征做出初步评价，形成第一印象。这种第一印象对人际交往的成败起着重要作用。从你踏进宴会厅的第一步，别人就已经开始对你进行评价了：着装是否得体、见面礼节是否诚挚、赠送的礼品是否够档次，都成为别人给你打分的内容。不管你是主人还是客人，良好的个人形象都会为这次宴请带来良好的开端。

西装为男士赴宴时的第一着装

在正式的社交场合，服饰被赋予了更多的内容，传达着丰富的信息，比如个人的品

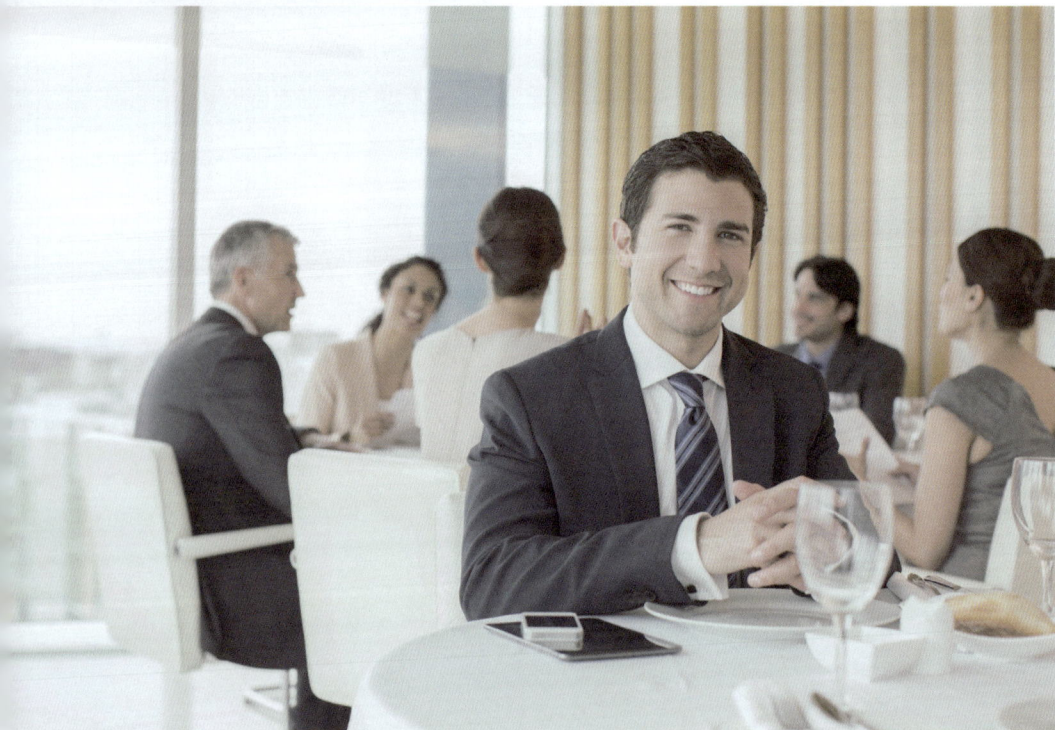

位、性格、态度。在大多数情况下，西装是男士赴宴时的第一着装选择。

西装

西装最大的特点是简便、舒适，显得稳重高雅、自然潇洒。西装与衬衫、领带、皮鞋、裤子等配饰是一个统一的整体，只有彼此间统一协调，才能衬托出西装挺括潇洒、庄重得体的美感。

西服上衣一般不与其他裤子搭配。西装背心更能增添正式的气氛。在颜色方面，藏青色、灰色和铁灰色象征权力，深蓝色代表友善，精致的细条纹可以为服装增添一些情趣和变化。

领带

领带的下端应长及皮带上下缘之间或不短于皮带的上缘。领带与西服的颜色要互相衬托，不要完全相同，暗红色、红色和藏青色可以用作底色，主要的颜色和图案要精致，不抢眼。最好选择真丝面料，优雅且四季皆宜。图案可选择小巧的几何印花和条纹。

腰带

应由真皮制成，颜色应为黑色、棕色。皮带的颜色应与鞋相配，皮带扣要简洁。背带裤是可以接受的。

袜子

袜子要长及小腿中部。袜子应为黑色、棕色或藏青色，颜色宜选与长裤相配或相近的。穿黄褐色裤子时例外，这时袜子颜色应与鞋相配。

鞋

鞋的颜色不应浅于裤子。黑皮鞋可以配灰色、藏青色或黑色西服，深棕色的鞋配黄褐色或米色西装效果也不错。

手提箱和钱包

手提箱应是皮质的，棕色、黑色或暗红色均可。钱包最好放在西服上衣前内侧的口袋里。如果把钱包放在裤子后面的口袋里，会影响西服的穿着效果。

女士赴宴时要注意仪容细节

女性一般比男性注重外表修饰，尤其在正式场合。基本搭配无须多言，女士在商务宴请中，仪容仪表方面还有一些细节需要特别注意。

服装

若是公司的正式晚宴，除了注意邀请函上是否有着装要求外，还应尽可能地了解参加宴会的上司的可能穿着。这样才能做出适宜的装扮，避免抢了上司的风头，或是因穿着太随便而失礼。一般来说，正式商务宴会应尽量避免太紧身、透明或领口开得太低的衣服。裙子长度适宜，穿肤色丝袜，检查有无滑丝现象（要带备用袜）。丝袜的长度一定要高于裙子的下摆。

若是较为轻松的聚餐或普通宴请，可以穿较柔和的套装或亮丽浪漫的服装，以营造温馨亲切的聚餐氛围。

补妆

关于补妆，以前的说法是不宜在公共场合补妆。如今有了新的提法，礼仪权威人士佩吉·波斯特认为：只要不过分炫耀，在公共场合涂唇膏是无伤大雅的行为。

我们应该根据具体情况做出自己的判断。如果在高档餐厅就餐，或者坐在老板或尊贵的客人旁边，这时，很难在不引起他人注意的情况下补妆。此时，应该去洗手间补妆。如果是与朋友一起参加非正式活动，吃完饭后快速地用唇膏补妆并不算失礼。假如你不确定当时的场合是否适宜补妆，最好还是到洗手间做这些事情。

三、点菜：做好餐桌上的选择题

　　对于商务宴请的主办方来说，点菜是一门学问。中国人的宴请习俗与其说是"请吃饭"，不如说是"请吃菜"，所以，对菜单的安排马虎不得。"如果把餐桌比作战场，点菜则不亚于战前的点兵"，这个比喻非常形象。点菜点得好，宾主尽兴；点得不好，往往赔了夫人又折兵。点菜是一个人饮食文化修养的集中体现，值得探讨。

　　一桌好菜，不仅可以填饱肚子，还可以拉近宾主之间的距离。点菜的要领是咸甜兼备、干汤相宜，要做到这一点并不容易，只有用心琢磨才能驾轻就熟。

点菜的基本原则：看人下菜

　　看人下菜是点菜的一项基本原则。点菜时，如果人少，菜要少而精；如果人多，菜要精而全。常规做法是凉热荤素搭配起来。在客人到达之前，要先有一个安排。

　　掌握客人的口味是点菜的关键。中国人的口味特征大致为南甜、北咸、东辣、西酸。还可以从籍贯、年龄、性别等方面去判断。

　　点菜时一定要照顾到每位客人的喜好。如果宴请的客人以中老年人居多，应多点质地软嫩、口味清淡、做工精细的菜肴，避免过多大鱼大肉、煎炸熏烤等油腻厚味的食物。如果能在餐前上一

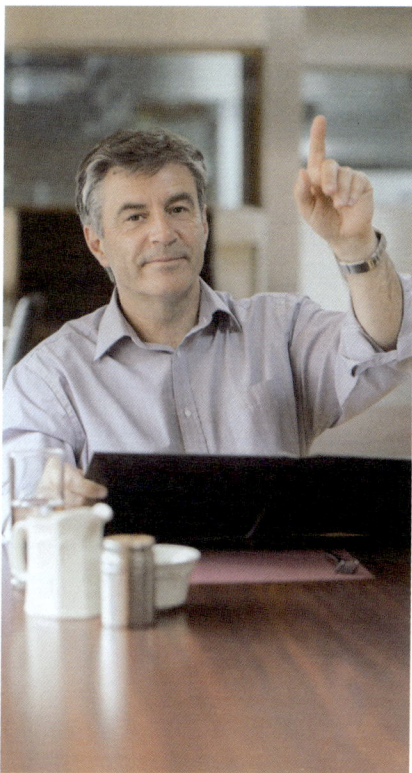

碗开胃汤就更好了。

安排菜单时，还得考虑客人的饮食禁忌。要先问问客人有没有忌口，例如素食、不吃牛羊肉、不吃猪肉、不吃辣椒、不吃海鲜或不吃葱、蒜、韭菜、芥末等有刺激气味的食物等。在邀请外国客人时，不要点动物内脏及肥肉制作的菜肴。总之，做到心中有数，兼顾大家，是必要的点菜礼仪。

该由谁来点菜

这个问题应依具体情况而定。一般来说有以下几种情况。

主人点菜

减少了客人选择时的犹豫。主人点菜，要礼貌地征求客人的意见，如何征求意见是一门学问。据我观察，有经验的人有两种问法：一种是封闭式问题，如"来盅参汤还是甲鱼汤"，在两者之间进行选择；另一种是开放式提问。如"您想喝什么酒"，由客人自由选择。

客人点菜

主人往往把优先点菜的权利让给客人，这是出于礼貌。如果有女士在，应该先请女士点菜，其余客人也务必一一让到。一般来说，客人不好意思点价格较贵的菜品。如果你看出客人有些为难，可以从侧面帮助提醒他："这里的清蒸鲈鱼味道不错，要不要试试？""作为头盘菜，我们一同点道焗蜗牛吧。"用轻松的语气向客人提出建议，表示这样的价位主人可以接受，客人尽管以此类推来点菜。

轮流点菜

比较熟悉的亲朋好友聚餐，可以一人点一道菜。如果大家都不爱吃你点的那道菜的话，你就有责任吃掉三分之二。

领导点菜

有的场合吃饭，需要看领导的意思，领导一个人说了算，下属一般应将选择权得体让出。当然，也有宽厚随和的领导，让大家群策群议，或者索性放手让下属去点菜。毕竟吃饭不是什么原则问题，轻松一点才好。

女宾点菜

在大多数场合，"女士优先"的原则是通行的。如果有女士在场，应让女士先点菜，尊重女士的意见。这时，女士只管大大方方点好了。当然，要不时征询一下别人的意见。如果不熟悉西餐的点法，菜单上又写满英文，这时女士可以坦率而诚恳地对主人说："你来点吧，你比较熟悉，我相信你点的菜很美味。"

职业点菜师代劳

点菜不仅是一门学问，而且还是一门职业。如果对这个餐厅的菜实在拿不准，不妨请职业点菜师代劳。实际上，上档次的餐厅都会有训练有素的点菜师，当客人面对菜单无从下手时，点菜师会为客人配出一桌好菜。

一般来说，菜单可以提前安排，再报给主人确认，主人可以在这时根据具体情况进行调整。如果当着客人的面点菜，不方便询问价格，可以通过特定词汇表达，如"来点家常菜""来点清淡爽口的"，暗示点菜师自己不想高消费。

中餐点菜的方法

中餐的大致出菜顺序是：开胃菜—主菜—点心。一般情况下，点菜也要遵循这个顺序。首先，要先点上几个凉菜，以免桌上空空荡荡。其次，根据客人的重要程

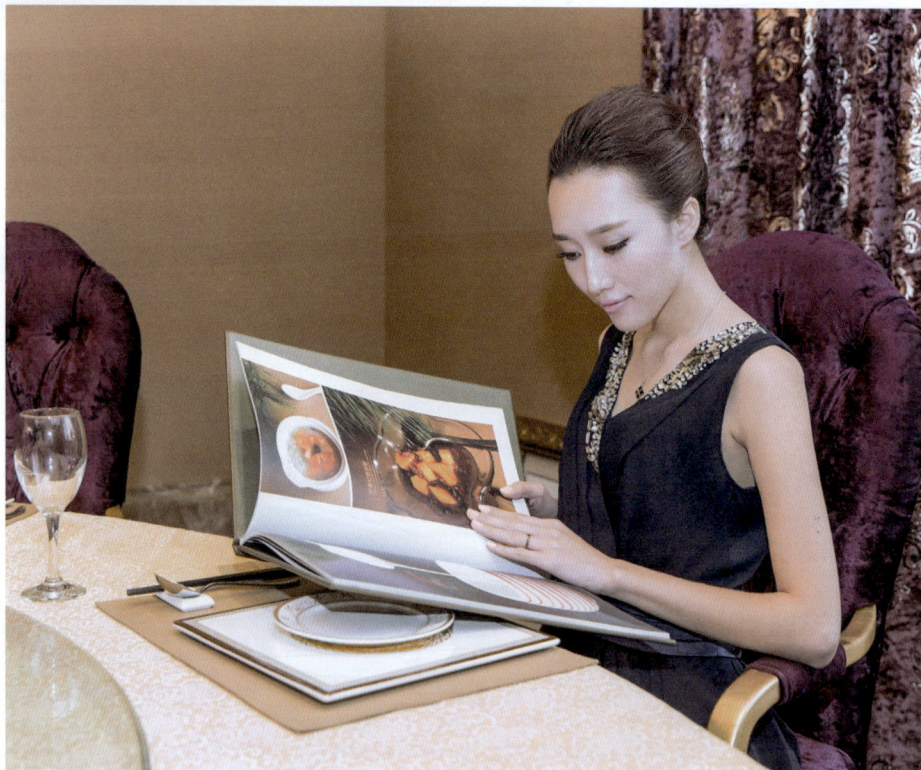

度和预算，先点上几个关键菜（主菜），以此来体现宴请级别。最后，将各菜品（鱼、肉、蔬菜、凉菜等）搭配起来。如果人多，可以多点几个荤菜，不够则以普通菜补充。主菜结束后是点心。水果以前是在最后上，现在出于营养的考虑，改为餐前吃水果。

西餐点菜的门道

西餐菜单上一般有六大分类，分别是开胃菜、汤、沙拉、海鲜、肉类、甜点。

点菜时，应先决定主菜。主菜如果是鱼，开胃菜就选择肉类，这样在口味上比较富有变化。除非食量特别大，一般不必从单品菜内配出全餐，只要开胃菜和主菜各一道，再加一份甜点就够了。可以不要汤，或者省去开胃菜，这也是很理想的组合。

正式西餐全套餐点的上菜顺序

头盘

西餐的第一道菜是头盘，也称为开胃菜。开胃菜一般有冷头盘和热头盘之分，常见的品种有鱼子酱、鹅肝酱、熏鲑鱼、鸡尾杯、奶油鸡酥盒、焗蜗牛等。因为是要开胃，所以开胃菜一般都有特色风味，味道以咸和酸为主，分量小，质量高。

汤

和中餐不同的是，西餐的第二道菜就是汤。西餐的汤大致可分为清汤、奶油汤、蔬菜汤和冷汤等四类。品种有牛尾清汤、各式奶油汤、海鲜汤、美式蛤蜊汤、意式蔬菜汤、俄式罗宋汤、法式焗葱头汤等。冷汤的品种较少，有德式冷汤、俄式冷汤等。

副菜

鱼类菜肴一般作为西餐的第三道菜，也称为副菜。品种包括各种鱼类、贝类及软体动物类。因为鱼类的肉质鲜嫩，比较容易消化，所以放在肉类菜肴的前面。

主菜

肉、禽类菜肴是西餐的第四道菜，也称为主菜。肉类菜肴的原料取自牛、羊、猪等各个部位的肉，其中最有代表性的是牛肉或牛排。

禽类菜肴的原料取自鸡、鸭、鹅，通常兔肉和鹿肉等野味也归入禽类。禽类菜肴品种最多的是鸡，有山鸡、火鸡、竹鸡，可煮、炸、烤、焖。

蔬菜类菜肴

蔬菜类菜肴可以安排在肉类菜肴之后，也可以和肉类菜肴同时上桌，所以可以算为一道菜，或称为一种配菜。蔬菜类菜肴在西餐中称为沙拉。

甜点

西餐的甜点是在主菜后食用的，可以算作第六道菜。从真正意义上讲，它包括所有主菜后的食物，如布丁、煎饼、冰淇淋、奶酪、水果等。

咖啡、茶

西餐最后上饮料，喝咖啡一般要加糖和淡奶油。茶一般要加香桃片和糖。

西餐的点菜要诀

一般先点餐前酒，再决定是要套餐还是单点，最后再配合已点菜选择适合的葡萄酒。点菜应从主菜开始选择。选择前菜和汤时，注意别和主菜的料理法或酱料重复。

单点时要注意菜肴的分量。单点的分量会比套餐的分量多一些，要先斟酌自己的食量再决定点餐的分量。

在商务宴请中，主人应该请客人优先点餐，自己最后点餐。由于主要目的是谈生意而不是用餐，所以应该避免吃起来费事的食物，如多汁带肉的肋骨、龙虾、帝王蟹腿。也许这些是你最喜欢的食物，但为了你的优雅形象，请尽量避免。除此之外，那些吃起来比较麻烦、不熟悉、难以掌握的食物，也应该尽量不点，这样你可以把精力集中在与客户谈话上面。

四、饮酒：酒桌上的规则与习俗

饮酒是商务宴请中非常重要的环节。我国是礼仪之邦，饮酒的过程中有不少礼仪规范。了解并熟练掌握这些规范和习俗，不仅能使你在酒桌上顺风顺水、挥洒自如，更能显出你良好的修养和出色的交际能力。

敬意从斟酒开始

斟酒的量

　　斟酒需要适量。中餐常用的斟酒标准为：白酒斟满。红葡萄酒一般为酒杯的1/3~1/2。斟第一杯啤酒时，应使酒液顺杯壁滑入杯中，八成酒液，两成泡沫。黄酒应斟八分满。

西餐常用的斟酒标准为：红葡萄酒、白葡萄酒均为六分满。白兰地酒斟入杯中为一个斟倒量（即将酒杯斟入酒后横放时，杯中酒液与杯口齐平）。西餐烈性酒的斟倒量通常与白兰地相同。斟香槟酒时，应先斟 1/3，待泡沫消退后，再续斟至七分满即可。

调鸡尾酒时，酒液入杯占杯子的三成，既便于观赏，又便于端拿饮用。冰水入杯一般为半杯水加入适量的冰块，不加冰块时应斟满水杯的 3/4。斟倒各种饮料时，无论中餐还是西餐，斟倒标准均以八分满为宜。

斟酒的顺序

服务生给客人斟酒前，一般都会手持酒瓶将商标朝向宾客，让宾客看看商标，

1 2 3

1. 斟白酒时要斟满。
2. 斟红葡萄酒时一般斟到酒杯的三分之一。
3. 斟啤酒时，应使酒液占八成，泡沫占两成。

宾客点头表示同意后再斟酒。如果有不满意的地方，可以要求换其他酒。

与上菜不同，上菜在左，而斟酒在右。中式宴会一上冷盘，就开始饮酒。

一般来讲，酒席、宴会上斟酒应从第一主宾位置开始，按顺时针方向绕餐桌依次进行。作为主人，要首先为客人斟酒。酒瓶要当场打开，酒杯大小要一致。如在座的有长辈、远道来的客人，或者职务较高者，要先给他们斟酒。

一般来说，除主人和服务员外，其他宾客最好不要自行给别人斟酒。如果主人亲自斟酒，宾客要端起酒杯致谢，必要时应起立以示恭敬。在服务员给你斟酒时，别忘记道谢，但可以不用拿起酒杯。

斟酒的方法

如果是主人为客人斟酒，应注意以下几点。

◎ 向杯中斟酒时，上身略向前倾。右手掌自然张开，握住酒瓶的中部偏下部位，拇指朝内，食指指向瓶口，与拇指约成 60 度，其余三指基本并在一起，与拇指配合握紧瓶身，瓶口对准杯口。

◎ 斟倒一般酒水时，瓶口应距离杯口 2 厘米左右，瓶口对准杯中心，缓缓地将酒水注入酒杯中。

◎ 当斟满酒液时，右手利用腕部的旋转将酒瓶商标转向自己身体一侧，使最后

1 2 | 1. 若服务生前来斟酒时不想再喝，可以伸出手轻轻遮在酒杯上。
2. 叩指礼：右手拇指、食指、中指捏在一起，指尖向下轻叩几下
桌面，表示向对方致谢。

一滴酒液均匀地分布在瓶口边缘。

斟酒时，要注意面面俱到，一视同仁，不能只为个别人斟酒，这是非常失礼的。如果不想再喝，服务生若前来斟酒，你只要伸出单只手轻轻遮在酒杯上，服务生即能了解。

别人为你斟酒时可以向其回敬"叩指礼"，特别是自己的身份比主人身份高的时候。方法是：右手拇指、食指、中指捏在一起，指尖向下轻叩几下桌面。这种方法适用于中餐宴会，它表示向对方致谢。西餐中，葡萄酒都是由服务生为顾客斟倒的，原则上并不需要捧着酒杯或行叩指礼，只要将手放在桌面或是膝盖上即可。当然，服务生前来斟酒时，暂时停下手中的动作，对话也稍加节制一些，会给他人留下比较好的印象。

敬酒让感情交流

敬酒的方式

中国人的好客，在酒桌上发挥得淋漓尽致。人与人的感情交流往往在敬酒时得到加深。劝人饮酒有如下几种方式。

文敬

这是传统酒德的一种体现，即有礼有节地劝客人饮酒。酒席开始，往往在主人讲上几句话后便开始第一次敬酒。这时，宾主都要起立，主人先将杯中的酒一饮而尽，并将空酒杯杯口朝下，说明自己已经喝完，以示对客人的尊重。客人一般也要喝完。席间，主人往往还要分别到各桌去敬酒。

回敬

客人向主人敬酒。

互敬

客人与客人之间敬酒。为了使对方多饮酒，敬酒者会找出种种让对方必须喝酒的理由，若被敬者无法找出反驳的理由就得喝酒。在这种双方寻找喝酒理由的过程中，人与人的感情交流得以加深。

罚敬

这是中国人敬酒的一种独特方式，也就是"罚酒"。罚酒的理由也是五花八门的，最为常见的可能是对赴宴迟到者的"罚酒三杯"。有时也不免带点玩笑的性质。

正式敬酒和普通敬酒

正式敬酒

一般是在宾主入席、用餐开始前。一般都由主人来敬，并同时致以较为正式的祝酒词。有时候，也可以选择在吃过主菜之后、上甜品之前致祝酒词。总之，敬酒应安排在特定的时间，以不影响来宾用餐为首要考虑。

普通敬酒

只要是在正式敬酒之后就可以。普通敬酒需选在对方愿意接受敬酒的时候。比如，对方当时没有和其他人敬酒，嘴里也不在咀嚼食物，如果几个人同时向一个人敬酒，应该等身份比自己高的人敬过之后再敬。

敬酒的顺序

一般情况下，敬酒应该视年龄大小、职位高低、宾主身份排序，按顺序敬酒。假如是与不熟悉的人在一起喝酒，可以根据统一的顺序，如先从自己身边起，顺时针方向开始敬酒。

　　在正式宴会上，一般先由主人向列席的客人敬酒，会饮酒的人则回敬一杯。如果宴席规模较大，主人则应依次到各桌敬酒，而各桌可派一位代表到主人所在的餐桌上回敬。

敬酒时的注意事项

提议干杯

　　女士一般不宜首先提出为主人、上级、长辈、男士的健康干杯。

　　在宴会上，祝酒、敬酒时的"干杯"需要有人率先提议，可以是主人、主宾，也可以是在场的人。提议干杯时，应起身站立，右手端起酒杯，面带微笑，目视祝酒对象说出祝福的话。

敬酒时，应起身站立，右手端起酒杯，面带微笑，目视祝酒对象说出祝福的话。

碰杯的规矩

　　通常是主人和主宾先碰，然后主人与其他客人一一碰杯。人多时可同时举杯示意，不一定要碰杯。碰杯时要双目平视对方致意。宴会上的相互敬酒可以活跃气氛，但要适度，不要勉强他人。如果不会饮酒，可事先言明喝饮料，切不可因饮酒过多而失言失态。

　　有人提议干杯后，要手拿酒杯起身站立。即使滴酒不沾，也要拿起杯子做做样子。将酒杯举到与眼睛平齐的高度，说"干杯"后，将酒一饮而尽或适量喝。然后，还要手拿酒杯与提议者对视一下，这个过程才算结束。

敬酒碰杯的时候，应该让自己的酒杯口低于对方的酒杯口，以表示对对方的尊敬。当你离对方比较远时，可以用酒杯底轻碰桌面表示碰杯。

祝酒时，不要交叉碰杯。在主人和主宾致辞祝酒时，其他人应暂停进餐、停止交谈并注意倾听。

可以多人敬一人，绝不可一人敬多人，除非你是领导。

自己敬别人，如果不碰杯，自己喝多少可视情况而定。切不可比对方喝得少，要知道是自己敬人。自己敬别人，如果碰杯，说一句"我喝完，您随意"，方显大度。

劝酒语要文明

文明、真诚的劝酒语，能恰当地表达敬酒者的心意，并且令人回味。而不雅的劝酒语则会暴露一个人的粗俗，是失态的表现。在商务宴请中，如果不能确定言语的效果，还是保守一些比较好。

如果因为生活习惯或健康等原因不适宜饮酒，可以委托亲友、部下、晚辈代喝或者以饮料、茶水代替。作为敬酒人，应充分体谅对方，在对方请人代酒或用饮料代替时，不要非让对方喝酒不可，也不应该好奇地"打破砂锅问到底"。要知道，对方没主动说明原因就表示他认为这是他的隐私。

五、中餐：熟悉并不意味着了解

中国的饮食文化博大精深。我想，很少有中国人会认为自己不熟悉中餐：从小吃着这些美食长大，还能做上几道拿手好菜，品尝起来更是头头是道，怎么会不熟悉中餐呢？其实，真正了解中餐的人并不多，尤其是了解中餐进食礼仪的人，更是少之又少。《礼记·礼运》曰："夫礼之初，始诸饮食。"礼仪在中国人传统进餐中是重要的。文献记载表明，在周代，我们国家的饮食礼仪已自成体系，颇具雏形。

这些礼仪几千年来，日臻成熟与完善，对现代社会依然产生着影响，是文明社会的重要行为规范。许多人认为传统礼仪过于繁复，不少内容也已遗弃，但细细研究，你会发现它的经典之处。我想，礼仪是由大国主宰的规则和文化，随着中国的日益强大，中式礼仪会越来越多地影响世界。

座次安排有讲究

中餐宴请往往采用圆桌式。同一个厅内，圆桌摆放的位置有尊卑之分；同一张桌子，不同的座次也有尊卑之分。排位原则在中餐礼仪中非常重要。

主桌是你的方向标

入座前，首先要迅速辨别哪张桌子是主桌，然后由邀请方引导你入座。通常，中餐的餐桌摆放分为以下两种情况。

由两桌组成的小型宴请

通常是两桌横排或两桌竖排的形式。当两桌横排时，面对正门右边的桌子是主桌；当两桌竖排时，距离正门较远的桌子是主桌。

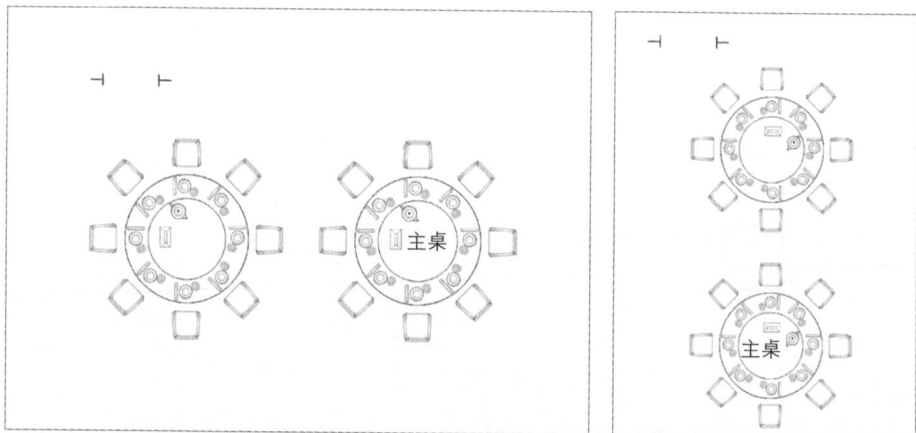

1 2   1. 当两桌横排时，面对正门右边的桌子是主桌。
       2. 当两桌竖排时，距离正门较远的桌子是主桌。

由三桌或三桌以上组成的宴请

在安排多桌宴请的桌次时，除了要注意上面提到的"面门定位""以右为尊""以远为上"等规则外，还应兼顾其他各桌距离主桌的距离。通常，距离主桌越近，桌次越高；距离主桌越远，桌次越低。

有的餐厅设计的主桌会比其他餐桌大一些，这样便于宾客分辨。

席位安排以主为先

每张餐桌的具体位次有主次尊卑的分别。排列位次的基本原则要注意以下五点。

◎ 主人大都应在主桌就座，并且面对正门。

◎ 多桌宴请时，每桌都要有一位主人的代表在座。位置一般和主桌主人同向，有时也可以面向主桌主人。

◎ 各桌位次的尊卑，应以与这桌主人的距离远近来定，离主人比较近的位置较为尊贵。

◎ 同桌与主人远近距离相同的位次，以主人座位右边的位置较为尊贵。

◎ 如果主宾身份高于主人，为表示尊重，可以安排在主人位子上坐，主人则坐在主宾的位子上。

排列少于五人的便餐席位时，可以遵循以下四个原则。

右高左低

两人并排就座用餐，通常以右为上座，以左为下座。这是因为中餐上菜时多以顺时针方向为上菜方向，靠右坐的因此要比靠左坐的优先受到照顾。

中座为尊

三人并排就座用餐，坐在中间的人在位次上高于两侧的人。

面门为上

用餐的时候，面对正门的座位是上座，背对正门的座位是下座。

特殊原则

高档餐厅里，往往有优美的景致或高雅的演出供用餐者欣赏。这时候，观赏角度最好的座位是上座。在某些中低档餐馆里，通常靠墙的位置为上座，靠过道的位置为下座。

如何制作座位卡

为了便于来宾准确无误地在自己的座位上就座，除了招待人员和主人要及时加以引导之外，最好在每位来宾座位正前方的桌面上，事先放置醒目的座位卡。举办涉外宴请时，座位卡应以中英两种文字书写。中文在上，英文在下。座位卡的两面都要书写用餐者的姓名，以便同桌人更好地沟通与交流。

入座礼仪

入席前，主人应礼貌性地亲自招呼倒茶，不可全部交给餐馆的服务员去做。

主人事先要有计划地分配座席。入席时，好从容招呼客人入席就座，以免互相谦让，乱作一团。

如果没有特别的主客之分，女士们可以大方地先行入座，男士们等女士坐定之后再入座。

餐具：好帮手还是添乱者

中餐的餐具比较简单，但是使用起来的礼仪细节更加需要注意。

餐巾

当主人示意用餐时，可将餐巾拉开平铺在双腿上，中餐礼仪是将餐巾完全打开。中途因故离开座位时，可将餐巾稍微折一下放回桌上，不可以将餐巾放在椅子上。

用餐完毕，用餐巾轻轻擦拭嘴唇，然后将其放在餐具右边，不能放在椅子上。

筷子

横筷的含义

中式宴席中暂停进餐时，可以把筷子架在食碟或筷架上。如果将筷子横搁在食碟上，则表示自己已酒足饭饱，不再进餐了。

这种横筷的礼仪，我国古代就有。横筷礼一般用于平辈或比较熟悉的朋友之间。小辈为了表示对长辈的尊敬，必须等长辈先横筷后才可这么做。

不礼貌的筷子使用方式

迷筷：拿着筷子犹豫不决，不知该夹哪个菜。

探筷：用筷子在菜盘里翻找。

滴筷：在夹汤汁多的菜肴时用筷子抖掉汤汁。

插筷：把筷子竖插在食物上面。

敲筷：用筷子敲打碗的边缘。

塞筷：一次性夹大量食物塞到口中。

空筷：已经用筷子夹起了食物，但是不吃又放回去。

舔筷：用舌头去舔筷子，不论筷子上是否残留着食物。

磨筷：拿筷子相互摩擦筷尖。

转筷：用筷子在汤碗中不断搅拌。

寄筷：用筷子将碗挪到自己面前。

指筷：和人交谈时，一边说话，一边挥舞筷子，甚至用筷子指着别人。

勺子

勺子的主要作用是舀取菜肴食物。有时用筷子取食时，也可以用勺子来辅助。尽量不要单用勺子去取菜。用勺子取食物时，不要过满，免得溢出来弄脏餐桌或衣服。舀取食物后，可以在原处"暂停"片刻，当汤汁不再往下滴落时，再移回来享用。

和人交谈时，一边说话，一边用筷子指着别人非常不礼貌。

用勺子取回食物，要立即食用或放在自己的碟子里。如果取用的食物太烫，不可用勺子舀来舀去，也不要用嘴对着吹，可以先放到自己的碗里等凉一些再吃。不要把勺子放到嘴里反复舔食。

盘子

盘子在餐桌上一般要保持原位，不要堆放在一起。食碟的主要作用，是用来暂放夹来的菜肴。

用食碟时，一次不要取放过多菜肴。不吃的残渣，如骨、刺等不要吐在桌上，应轻轻取放在食碟前端，不能直接从嘴里吐在食碟上。如果食碟放满了，可以让服务员换一个。

牙签

尽量不要当众剔牙。非剔不可时，用另一只手掩住口部。剔出来的东西，不要当众观赏或再次入口，也不要随手乱弹、随口乱吐。剔牙后，不要长时间叼着牙签，更不要用剔过的牙签扎取食物。

| 1 | 2 |

1.尽量不要当众剔牙。非剔不可时，用另一只手掩住口部。

2.剔牙后，不要长时间叨着牙签。

维护你的进餐风度

　　用餐时，不要摇头摆脑、满脸油汗。在餐桌上不要大声喧哗，尽量少用手势，以免碰到其他客人或餐具。可以劝别人多吃一些，或是建议他们品尝某道菜肴，但不要擅自做主为别人夹菜、添饭。

　　取菜时，应从靠近自己的盘边夹起，不要从盘子中间或靠近别人的一边夹起，更不要翻来覆去，在公用的菜盘内挑挑拣拣。多人一桌用餐，取菜要注意相互礼让。一次夹菜不宜太多，要取用适量。

　　吃饭要端起碗，用大拇指扣住碗口，食指、中指、无名指扣住碗底，手心空着。

商务宴请礼仪

不端碗伏在桌子上吃饭是非常不雅观的。进餐时要闭嘴咀嚼，不要发出 "吧唧吧唧" 的声音，口含食物时最好不要与别人交谈。夹起饭菜时，不宜伸长脖子张开嘴去接菜。一次不要放太多的食物入口，这会给人留下不雅和贪婪的印象。

如果要咳嗽、打喷嚏，要用手或纸巾捂住嘴，并把头转向侧后方。吃饭嚼到沙粒或嗓子里有痰时，要离开餐桌去吐掉。

尽管你已用好餐，但如果聚餐没有结束，就不要随意离席。一般要等主人和主宾用完餐起身离席后，其他客人才能依次离席。

如果需要为别人倒茶倒酒，要记住 "茶要浅，酒要满" 的中式礼仪规则。从客人左侧上菜，从客人右侧斟酒。

在餐厅进餐，不要抢着付账，推拉争付，甚为不雅。未征得朋友同意，亦不宜代友付账。

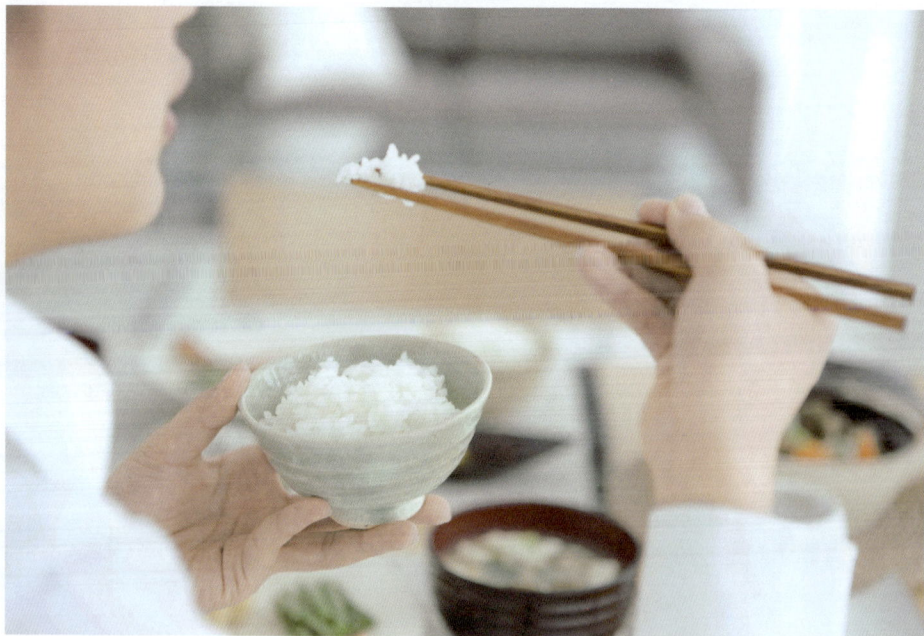

六、西餐：融入世界从礼仪开始

三十多年前，西餐对于大多数中国人来说还十分陌生，通常只是在影视、小说里才能看见那些刀刀叉叉的纷繁花样和西餐场景。如今在国内，有着各式风情的西餐厅。吃西餐已经不再是身份地位的一种炫耀。当我们离西餐越来越近的时候，对西餐的文化和礼仪又了解多少呢？中餐和西餐的差异，绝不仅仅是筷子与刀叉的不同。

你该坐在长桌哪一端

正式宴会的位次

吃西餐均使用长桌。正式宴会上桌次的高低以距离主桌的远近而定。离主桌越近的桌子越尊贵，桌次较多时一般摆放桌次牌。在同一桌上，越靠近主人的座位越尊贵。如果来宾中有地位、身份、年纪高于主人的，在排座次时，应让他紧靠主人就座。男主人坐主位，右边是第一重要客人的夫人，左边是第二重要客人的夫人。女主人坐在男主人的对面，她的两边分别是最重要的两位男客人。

非正式宴会的位次

非正式宴会的位次遵循女士优先的

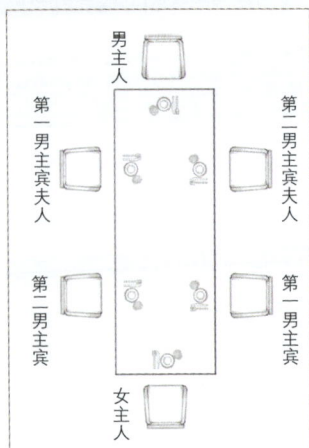

西餐餐宴的座次。

原则。如果是男女二人，男士应请女士坐在自己右边，并注意不可让她坐在人来人往的过道边。若只有一个靠墙的位置，应请女士坐，男士坐在她的对面。如果是两对夫妻就餐，夫人应坐靠墙的位置，先生坐在自己夫人的对面。如果是两位男士陪一位女士进餐，女士应坐在两位男士的中间。如果是两位同性进餐，靠墙的位置应让给年长者。此外，男士应当主动为女士拉开椅子，让女士先坐。

入座及坐姿

进入西餐厅后，不可贸然入位，请务必等待服务生带位。带位时应由长辈、宾客、女士先行起步，前往就座。背对墙壁、视野开阔、安静的座位为主位。由于服务生会替我们拉开椅子，所以从左侧入座即可。男士也可以为女士拉开椅子，会显得很绅士。

优雅的入座方式是：站在为你拉开的椅子前，当感觉椅子边缘靠上膝弯处时，上身端直慢慢落座，然后转头侧身，向为你拉开椅子的人说声"谢谢"。

入座后，上腹部应该距离桌子大约一拳，坐姿要正，身体要直，脊背不可紧靠椅背，一般坐满座椅的四分之三即可。不可伸直腿，不能跷起二郎腿，也不要将胳膊肘放到桌面上。

用餐时，身体不要过于接近餐盘。用餐具把食物送到嘴里，不要把盘、碗端起来。

入座的步骤。

1. 从左侧入座，服务生会替女士拉开椅子。

2. 站在椅子前，当感觉椅子边缘靠上膝弯处时，上身端直慢慢落座。

3. 入座后，上腹部距离桌子大约一拳，坐姿要正，身体要直，脊背不可紧靠椅背。

4. 双手轻握，靠在桌边。

5. 不要将胳膊肘放到桌面上。

使用西餐具

全餐的餐桌上有多少刀叉

正式的全餐里有许多道菜，每道菜都有搭配的饮品。通常餐具会如下摆放。

摆在中央的是装饰盘，餐巾放在装饰盘的上面或左侧。

盘子右边摆刀、汤匙，左边摆叉子。可依用餐顺序，即前菜、汤、料理、鱼料理、肉料理，由外往内使用。右边从外往内分别是汤勺、头盘菜用刀、主菜用刀。左边从外往内分别是头盘菜用叉、主菜用叉。

玻璃杯摆在右上角。最大的杯子是装水的高脚杯，其次是红酒杯，细长的杯子用来装白葡萄酒，有时候也会摆上香槟或雪莉酒的专用杯。

面包盘和黄油刀放在左手边，装饰盘对面则放咖啡匙或甜点匙。

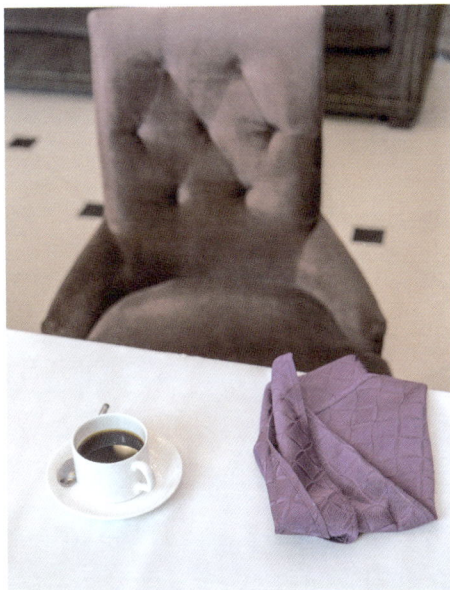

1. 进餐时，餐巾可折起（一般对折），折口向外，平铺在腿上。
2. 擦嘴时，用餐巾的上端。
3. 不可将餐巾挂在胸前。
4. 中途离席时，将餐巾稍稍折叠一下，放在椅子上。
5. 用餐完毕，将餐巾放在桌面左侧即可。

餐巾不是擦脸布

进餐时，大餐巾可折起（一般对折），折口向外，平铺在腿上。小餐巾可打开直接铺在腿上。不可将餐巾挂在胸前。擦嘴时用餐巾的上端，绝不可用餐巾擦脸、擦刀叉碗碟。

如果不小心，餐巾掉在了地上，自己不用去捡。一般来说，高级餐厅的服务生都会很快发觉，并主动为你更换。如果没有发觉，你可以轻声招呼一声："对不起，请帮我换一条餐巾。"

中途离席时，将餐巾稍稍折叠一下，放在椅子上。

用餐完毕，将餐巾放在桌面左侧就可以了。

不要让刀叉打架

持刀时，应将刀柄的尾端置于手掌之中，以拇指抵住刀柄的一侧，食指按在刀柄上。食指不能触到刀背，其余三指顺势弯曲，握住刀柄。有人拿刀时会翘起小指，尤其是女性，觉得这种姿势才优雅，其实不然。

拿好刀叉后，小臂轻触桌面，手肘自然打开，不要打得过开，也不宜夹得太紧。

如果不是与刀并用，叉的叉齿应该朝上。持叉应尽可能持住叉柄的末端，叉柄倚在中指上，以无名指和小指为支撑。叉可以单独使用，也可以用于某些头道菜和馅饼，还可以用于取食无须切割的主菜。

使用刀叉时，要左手持叉，右手持刀。切东西时左手拿叉按住食物，右手拿刀切成小块，用叉子往

1 | 2
3
4

1. 左手持叉，右手持刀。小臂轻触桌面，手肘自然打开。

2.3. 持叉时，将叉柄的尾端置于手掌之中，以拇指抵住叉柄的一侧，食指按在叉柄上。其余三指顺势弯曲，握住叉柄。持刀同理。

4. 如果不是与刀并用，叉齿应该朝上。

嘴里送。用刀的时候，刀刃不可以朝外。

刀叉并用时，持叉姿势与持刀相似，但叉齿应该朝下。通常，刀叉并用是在吃主菜的时候。如果无须用刀切割，也可用叉切割，这两种方法都是正确的。

不用刀时，可用右手拿叉。需要做手势时，应放下刀叉，千万不要拿着刀叉在空中挥舞。不要一手拿刀叉，一手拿餐巾擦嘴；也不要一手拿酒杯，一手拿叉取菜。

刀叉传递用餐信息

很多人有过这种经历："我还想吃，可是服务生却把盘子收走了！"其实不是服务生做错了，而是你的刀叉摆法错误，造成了"可以端走"的误会，服务生才会把盘子收走。

刀叉的摆放方式可以传递"用餐中"或"用餐结束"的信息。服务生正是根据刀叉的摆放方式，判断你的用餐进度，决定是否该准备接下来的服务。所以需要特别注意刀叉的摆放，避免发出错误的信息。

◎ 无论何种情况，刀刃一侧必须面向自己。不可将刀叉的一端放在盘子上，另一端放在桌上。

◎ 进餐中需要暂时放下刀叉时，应摆成"八"字形，刀刃朝向自己，放在餐盘边上，表示还要继续吃。

◎ 用餐结束后，将刀叉平行放在餐盘上。叉齿朝下，刀刃朝内，与叉子并拢。

1 2

1. 将刀叉摆成"八"字形，刀刃朝向自己，叉齿朝下，表示还要继续吃。
2. 将刀叉平行放在餐盘上，刀刃朝内，与叉子并拢，叉齿朝下，表示用餐结束。

尽量将刀叉的柄放入餐盘内，可避免掉落，服务生也方便收拾。

　　◎ 没用过的刀叉，放在桌上即可，服务生会将它收走。尽管将刀叉平行放在餐盘上表示结束用餐，但没有必要把干净的餐具特意放入用过的餐盘内。

两种餐匙不要混淆

　　餐匙可以分为两种，一种是汤匙，个头比较大，竖着摆放在右侧最外端，与刀并列。一种是甜品匙，个头比较小，横着摆放在餐盘正上方。

　　汤匙的握法与握笔相同。餐匙不能直接舀取主食或者菜肴。已经开始使用的餐匙不能放回原处，也不能弄得很脏。

女主人会选哪种酒杯

　　西餐中吃不同的菜需要搭配不同的酒，因此西餐对酒杯的讲究也比中餐多。不同的酒杯用来喝不同的酒。在每位用餐者桌面的右上方，会摆着三四只酒水杯，一般为香槟杯、红葡萄酒杯、白葡萄酒杯、水杯。可依次由外向内使用，也可以紧跟女主人的选择。

西餐用餐礼仪

什么时候开始吃

　　在正式场合，应当由女主人邀请大家开始用餐。如果女主人不在场，男主人右边的女宾应当是第一个开始用餐的人，其他人看到她开始吃就可以开动了。

巧吃沙拉不狼狈

　　西餐中，沙拉有时作为主菜的配菜，比如蔬菜沙拉；有时作为间隔菜，在主菜和甜点之间；有时是第一道菜，比如鸡肉沙拉。

1 2

1. 无法一口吃下去的蔬菜，先切成易入口的大小。
2. 可以将大片的菜叶用叉子切成小块。还可以先用叉子压着蔬菜，
   用刀子将叶子折成小块，然后送到口中。

如果沙拉是单独的一大盘，就使用沙拉叉；如果和主菜放在一起，则使用主菜叉。

如果主菜沙拉配有沙拉酱，可以先把沙拉酱浇在一部分沙拉上，吃完这部分后再加酱，不要一下子把酱汁全部加进去。

沙拉常规的吃法是：将大片的生菜叶用叉子切成小块。如果不好切可以刀叉并用，一次只切一片，吃完再切。还可以先用叉子压着蔬菜，用刀子将叶子折成小块，然后送到口中。

番茄或芦笋等无法一口吃下去的蔬菜，也请记得先切成易入口的大小。

吃细碎的蔬菜叶，可以将多片集结在一起，然后用叉子取食。如果菜叶还是容易滑落，可以最后再插上一片小黄瓜，便于叉食。

喝汤不能一饮而尽

喝汤时不要吸啜，不要咂嘴，以免发出声音。如果汤菜过热，可待稍凉后再吃，不要用嘴吹。用汤匙舀汤汁时，别舀得太满而流出来，一般舀七分满即可。英式的

1. 用汤匙舀汤汁时，一般舀七分满。英式的舀法是由内向外舀。

2. 法式的舀法是由外向内舀。

3. 喝汤时，以汤匙就口，一次喝完汤匙里的汤。

4. 不要以口就汤匙。

5. 端起汤盘喝汤是大忌。

6. 喝完汤，汤匙放在碟子右边。

舀汤方法是由内向外舀，法式的舀法则是由外向内舀。这两种方法都不会有失礼仪。

喝汤时，请以汤匙就口。倾斜汤匙，将汤匙的底部放在下唇的位置不出声地送入口中。将汤匙里的汤分数次喝完有失礼仪，应一次性喝完汤匙里的汤。

汤盘中的汤快喝完时，用左手将汤盘向一侧微微倾斜，用汤匙舀净。切忌端起汤盘来一饮而尽。吃完汤菜后，将汤匙凹陷的部分朝上摆在汤碗或碟子上都是可以的。如果留在汤碗中，请将汤匙柄指向自己；如果放在碟子上时，应将汤匙放在靠自己身前的位置，汤匙的柄放在右边。

面包放在你的左手边

在餐桌礼仪中，有所谓"左面包，右水杯"的说法，千万不要将两者颠倒摆放。面包要放在伸手可及的专用小盘里或者桌布上，不应放在你进餐盘的盘边；若想涂黄油，先把黄油碟移至自己的碟边，从黄油碟里取一些黄油放在自己的面包盘里，再涂抹到面包上。很多人喜欢将面包蘸汤或蘸着盘子里的菜羹吃，这种吃法不好看，应尽量避免。

面包一般掰成小块送入口中，不要拿着整块面包去咬。抹黄油和果酱时也要先将面包掰成小块再抹。吃硬面包时，用手撕不但费力而且面包屑会掉满地，此时可先用刀将其切成两半，再用手撕成小块来吃。避免像用锯子一样割面包，应先把刀插入面包中的一半，切时可用手将面包固定，避免发出声响。

怎样吃牛排

调味酱不能直接淋在牛排上，应取适当的量放在盘子的内侧，一般是取两汤匙。吃牛排的时候注意切割方法。牛排从左边开始切，逐渐往右移。注意用压在刀柄上的食指稍加点力，就可以轻松切下肉块。别用力过度而发出刀叉盘子碰撞的尖锐响声。

切牛排时，从左往右切。

切下来的肉，如果还是觉得太大，可以继续切成适口大小的肉块。吃的时候，用叉子叉着肉块，蘸酱汁食用。如果搭配红酒，一口肉一口酒，口感会更好。此外，不要把牛排一次全切好，除了不合礼仪，牛排肉汁也容易流失、变冷，影响口感。

怎样吃带骨的肉类

吃带骨头的肉类时，比如鸡腿或鸡翅，不要直接"动手"，要用叉子把整片肉固定（叉齿朝上，用叉子背部压住肉），再用刀沿骨头插入，把肉切开，边切边吃。每次切一口大小食用。如果是需要直接"动手"的肉，洗手水往往会和肉同时端上来。

意大利面要这样吃

不同的意大利面吃起来方法也不同。意大利长面，吃的时候应当用叉子小心将面卷起来送到口中。注意一次不要卷太多，足够一口吃下即可。如果不是条形的面，直接用叉腹舀起来就可以了。

吃意大利面时，用叉子卷起来吃。

甜点要用小叉勺

蛋糕用小叉子分割取食，如果蛋糕较硬，可用刀切割后成小块，然后用小叉子分割取食, 如果是小块的硬饼干, 可以直接取用。吃冰激凌一般使用小勺。

咖啡要优雅地品

  咖啡杯的杯耳较小, 不要用手指穿过杯耳端杯子。正确的喝法应是: 用右手拇指和食指捏住杯耳, 将咖啡杯慢慢地移向嘴边轻啜。不要发出声响, 不要满把握杯, 大口吞咽。

  喝咖啡时,餐厅一定会附上一只咖啡匙, 它的用途在于搅匀糖和奶精, 喝咖啡时, 应当把它放在托盘上。不要用匙舀咖啡来喝。喝完咖啡后, 将咖啡匙轻轻放在托盘上。

1. 吃甜点时, 可用小叉子分割取食。
2. 喝咖啡前, 用咖啡匙搅匀糖和奶精。
3. 喝咖啡时, 把咖啡匙放在托盘上。
4. 不要用咖啡匙舀咖啡喝。
5. 不要用手指穿过咖啡杯耳端杯子。

1 2

1. 盘内剩余少量菜肴时，别用叉子刮盘底。
2. 盘内剩余少量菜肴时，可以用刀辅助叉子食用。

给咖啡加糖时，可先用糖夹子把方糖夹在咖啡碟，再用咖啡匙把方糖轻轻地放到杯子里，如果直接用糖夹子或手把方糖放入杯内，可能会使咖啡溅出，弄脏衣服或台布。

如果咖啡太热，可以用咖啡匙轻轻搅拌使之冷却，或者等自然冷却后再饮用。用嘴把咖啡吹凉，是很不文雅的动作。注意搅拌的时候手腕不要动，用指尖轻轻搅动小勺。

如果红茶需要加柠檬，不要将柠檬老放在杯子里，借味之后要用小勺子捞出来摆放在杯子外侧的托盘上，考虑到不要让身份比自己高的客人看到自己扔掉的东西，可以摆在靠近手边的位置上。

有时喝咖啡可以吃一些点心，不要一手端着咖啡杯，一手拿着点心，吃一口喝一口地交替进行。喝咖啡时应当放下点心，吃点心时则应放下咖啡杯。

你有不良的用餐习惯吗

◎ 别将餐巾像围兜一样挂在胸前。

◎ 别让餐巾沾上口红的痕迹。请事先在餐前以纸巾轻轻按压嘴唇，除去口红。

◎ 别将手肘支靠在桌上用餐。

◎ 盘内剩余少量菜肴时，别用叉子刮盘底或用手指相助食用。正确的做法是，以小块面包或刀辅助叉子食用。

◎ 别交换盘子用餐。如果需要与同伴分享食物，可以请服务生替你们分盘后再端上桌来。

◎ 别高声谈笑。西餐用餐环境较为安静，切忌高声交谈或接听手机。

西餐中的饮酒礼仪

菜品与餐酒的美妙搭配

正式的西餐宴会上，酒水是主角。一般来讲，吃西餐时，每道菜肴要搭配不同的酒水，吃一道菜便要换上一种酒。

在高级西餐厅里，会有精于品酒的调酒师拿酒单来。如果对酒不太了解，最好告诉他自己挑选的菜色、预算、喜爱的酒类口味，请调酒师帮忙挑选。

葡萄酒要浅尝慢品

选择好葡萄酒后，酒服务生首先会将酒的标识展示给客人看，待客人确认无误后，服务生才会将软木塞拔开。

然后，服务生会将酒倒入酒杯，让客人试酒（一般为男士试酒）。试酒的过程如下。

◎ 拿起盛着葡萄酒的酒杯，向外微微倾斜，先看看酒杯内是否有如木屑的东西，它们会影响酒的品质。然后观察酒的颜色。好的红葡萄酒呈红宝石颜色。优质红葡萄酒澄清近乎透明，并且越亮越好。次酒则颜色不正，亮度较差。

◎ 拿着酒杯向内逆时针轻轻摇晃 2~3 次，这样可以使葡萄酒中的酸性物质充分和氧气混合，从而散发出诱人的香味。旋转后，闻一闻味道是否香浓。注意不要猛

试酒的步骤。

1. 拿起酒杯，观察酒的颜色。大拇指、中指、食指握住杯脚，小指放在底台。
2. 拿着酒杯轻轻摇晃 2~3 次，闻一闻酒香。
3. 呷一口酒，不要太多，也不要太少，转动舌头去体会，慢慢咽入喉中。
4. 不要用手掌托住酒杯。

烈摇晃杯子。

◎ 呷一口酒，不要太多，也不要太少，转动舌头去体会，之后慢慢咽入喉中。在餐厅用酒时，你需要在此刻决定是否接受这瓶酒。

◎ 如果试喝结果满意，便可示意服务生继续倒酒。如不满意，可对服务生表示不接受。这时，服务生可能会自己也喝一点，如果酒真是有问题，高级西餐厅一般会收回该酒。

葡萄酒害怕掌心的温度，为避免手的温度使酒温增高，应用大拇指、中指、食指握住杯脚，小指放在底台。

涂抹了口红的女士如何饮酒

将口红印留在酒杯沿上很不雅观。建议用餐时最好使用不易脱色的口红，或者是在擦了口红之后用面巾纸轻轻按压，这样就不容易留下口红印了。

如果不小心将口红印在了杯子上，应及时用干净的手指尖抹掉口红，再用纸巾擦拭手指尖。直接用纸巾擦拭酒杯的做法是不礼貌的。

七、自助餐：自然随和不失礼节

自助餐，是起源于西餐的一种就餐方式。厨师将烹制好的冷、热菜肴及点心陈列在餐厅的长条桌上，由客人自己随意取食，自我服务。这种就餐形式起源于公元 8 至 11 世纪北欧的"斯堪的纳维亚式餐前冷食"和"亨联早餐（Hunt breakfast）"。它是目前国际上所通行的一种非正式的西式宴会，在商务活动中尤为多见。自助餐，除了解决由于额外服务产生的问题，也解决了主人安排桌位的问题。当客人们自由选择就餐座位时，先后次序是否合适并不是主人的责任。此外，自助

餐往往提供很多种菜肴，客人有足够的选择余地，主人也不必担心菜单是否符合他们的胃口。

　　自助餐礼仪，泛指人们安排或享用自助餐时所需要遵守的基本礼仪规范。具体来讲，自助餐礼仪又分为自助餐取菜礼仪与享用自助餐礼仪两个主要部分。

自助餐取菜礼仪

排队循序取菜

　　享用自助餐时，应该自觉维护公共秩序，讲究先来后到，排队选用食品。不挤、不抢、不插队，更不应不排队。一般来说，取餐应按照餐厅设定的方向顺向排队，不可逆向行进。如果前面有人在取餐，不妨耐心地等一会儿。取餐时不要离餐台太近，以免弄脏衣服。

杯盘不能随意乱端

　　取食物前，先拿一个放食物用的盘子。为了便于取菜，自助餐的杯盘都应该用单手拿。通常空下盘子左下方的 1/4，先垫上餐巾再放上酒杯。用左手拇指和食指扶着盘子上的杯子，用中指、无名指、小指 3 个手指支撑整个盘子，以便稳定杯子和盘子。

　　轮到自己取菜时，应用公用餐具将食物装入自己的餐盘。切勿在众多的食物前犹豫再三，让后面的人久等。更不应该在取菜时挑挑拣拣，甚至直接下手或以自己的餐具取菜。

夹菜双手有分工

　　在夹菜时，如果摆放菜肴的餐桌上有空余的位置，可以放下盘子，并用双手夹取菜品。如果不能放下盘子，必须用左手端着盘子，用右手夹菜。

　　单手夹菜时，应当将取菜夹的叉面在上、勺面在下，轻而稳地夹住菜肴，再放在盘子里；如果菜肴有汤汁，应该先沥干汤汁再放到盘子里。取菜夹用完后应该放回原来的小碟子里。

　　如果需要用汤匙和叉子取菜，最好采用双手，先把菜肴放在汤匙上，用叉子压住再拿到盘子里。

冷热分开更优雅

　　优雅而享受的吃法关键是取菜时要将热食和冷菜分开，如果将生鱼片和热菜混在一个盘子里，不但影响味道，更会破坏美感。有些人吃自助餐只愿尝试自己熟悉的食物。其实，吃平常不太吃得到的食物也很有乐趣。

甜点沙拉最后取

通常，自助餐取餐的顺序应按西餐顺序，吃一道取一道。第一次取汤和面包，第二次取冷菜，第三次取热菜，最后取甜点和水果。最好在取菜时先在全场转上一圈，了解一下情况，然后再去取菜。

"少吃多跑"要节约

要坚持"少吃多跑"的原则，不要一次拿得太多，最后吃不完造成浪费。可以多拿几次，每次只取一点，品尝后觉得适合自己的话，可以再次去取。

代人取餐不合适

吃自助餐强调的是"各取所需"，用餐者不要过于热情，替人取菜，以至于因为不了解他人口味而浪费食物。

自助餐用餐礼仪

等候同桌一起用餐

如果是宴请或者聚会，应等同桌所有人都取完菜落座后，再一起开始用餐。

照顾他人擅交际

商界人士在参加自助餐时，除了对自己用餐时的举止表现要严加约束之外，还须对他人多加照顾。对于自己的同伴，特别需要加以关心。在自助餐会上，如果只顾着自己吃或者只和自己熟悉的人说话，是不礼貌的，也错过了扩大交往的机会。正确的做法是，应当主动与不相识的来宾微笑并打招呼，同时主动寻找一些可以交流的话题，主动结识新的朋友。

初次见面时可从自我介绍开始，可以谈谈对餐会氛围或者菜品的感想，也可以把餐会的主办方作为话题，还可以谈谈对方感兴趣的话题。

作为主人邀请的宾客，假如你发现有陌生的人孤零零地站在一边，你有责任帮助主人照顾好其他客人，你应主动上去交谈，向他介绍你熟悉的人。

中途离开作记号

如果进餐中间需要暂时离开，为了避免再次回来时认不出来自己的杯子，在离开前可以先将餐巾折叠成某种特别的形状，垫在杯子下面做成记号。

送回餐具更得体

在用餐结束之后，应自觉地将餐具送至指定之处。在庭院、花园里享用自助餐时，尤其应当这么做。不应将餐具随手乱丢，甚至毁损餐具。如果是在餐厅里就座用餐，有时可以在离去时将餐具留在餐桌之上由侍者负责收拾，最好在离去前将餐具稍加收拾。

晓梅指津

自助餐与冷餐会的区别

自助餐：四季皆宜，菜的款式以冷菜为主，荤素皆有。热菜的比例可根据季节变化和客人的要求进行调整。这些菜品造型美观大方、卫生清爽、口味多样、口感各异，并且可以尝到风味小吃以及独特的地方风味。自助餐一般适合团体联欢会以及高雅的招待会，是交流感情和交换意见的好场所。客人可自由组合，随意走动，挑选自己喜爱的食物。

冷餐会：冷餐会与自助餐的形式基本相同。冷餐会基本上以格调高雅、风味独特的冷菜、饮料、低度酒为主，并非以进餐为主要目的，它通常适用于招待会、新闻发布会等。

八、鸡尾酒会：美酒须配好礼仪

　　鸡尾酒会在近年来的商界、社交界很流行，这种聚会形式时尚简便，便于人们交谈。通常鸡尾酒会以酒水为主，并配备一些小点心。这种形式的设计就是淡化食品，注重结友交流。

鸡尾酒会

　　英文Cocktail，意即公鸡尾，引申为酒会或鸡尾酒会，发端于美国，已有200年历史，是国际上目前流行的一种招待客人的方式。

　　鸡尾酒属混合酒，是以烈性酒或葡萄酒为酒基，再配以果汁、蛋清、糖等调制而成的。由于这些饮料比重、颜色不同，配制在一起时，在杯子里一时难以融合在一起，而形成若干层次、色调，好像美丽的公鸡尾巴，故名。

　　鸡尾酒一般需要由调酒师当场调配完成。

　　在鸡尾酒会上，一般会准备数种酒供客人选择，但多以葡萄酒类为主，烈性酒较少。而真正的鸡尾酒却常见于酒吧，在人数众多的外交鸡尾酒会上，常常不会喝到鸡尾酒。因为调酒师来不及为每人配制一杯鸡尾酒，不少人只好拿一杯酒或饮料，就忙着找对象"聊"去了。

　　普通的鸡尾酒会，一般给每人预备三杯酒。在一些特殊场合也可用最上等的香槟。

　　鸡尾酒会中也要准备些点心，不过食物简简单单即可。为求新鲜，果仁、脆薯片等可以在临开始前摆出来，但其他的则须在数小时前准备妥当。普通的食品，包括各式三明治、热香肠、饼干等。有时也会摆些中式点心。

　　客人可以随意选取自己合意的食物，不过要注意，狼吞虎咽是十分失礼的。

举办鸡尾酒会的时间

　　如果是午餐时间的酒会，时间是正午 12 点至下午 1 点 45 分。业务上的餐前鸡尾酒会开始的时间较早，一般是自上午 11 点 30 分至中午 12 点 30 分或下午 1 点结束。如果是晚间举行的话，通常是自下午 6 点或 6 点 30 分至 7 点 30 分或 8 点。客人可以有迟到 30 分钟的限度，再迟些便有对主人不敬之嫌了。

鸡尾酒纸巾

　　在鸡尾酒会上，如果有人递给你一些小吃的话，他一定会给你鸡尾酒纸巾。而你只需要用手拿起小吃，放在鸡尾酒纸巾上。与正式的晚宴不同，在鸡尾酒会上是不提供刀叉的。在酒吧的吧台上，你同样可以看到摆成螺旋状的一摞餐巾纸，用来供客人垫在杯子下面。不同于一般的餐巾纸，它更小巧、可爱，设计新颖、独特。鸡尾酒纸巾可以是白色的，也可以是其他浅色的；可以是绸缎的，也可以是亚麻布制作的。总之，鸡尾酒纸巾是最能代表酒会主人的浪漫情调的。

鸡尾酒会礼仪细节

鸡尾酒会通常不设座椅，目的是促使客人加强走动，增加活动半径。这时你不应当把注意力集中在食物上，而是应当去和更多的人交谈。

有时候会有服务生拿着托盘在场内走动，你可以在他的托盘中拿取食物、酒水。

你也可以选择自己去吧台拿酒水或小食品。

食物中有的是用牙签串着的，有的是没有牙签的，需要用手拿，所以你应当在拿这些食物的时候拿一张纸巾，随时擦手指和嘴。

你应左手拿酒杯，随时准备伸出干净的右手去和别人握手。

用完的酒杯和纸巾等，应当在服务员经过时递给他们，不要扔到地上。

CHAPTER 7

商务出行礼仪

BUSINESS ETIQUETTE

一、 乘坐电梯：狭小空间里的文明细节

在高楼林立的都市，人们每天都在搭乘电梯。虽然只是短短的几分钟，但在狭窄、密闭、运动的空间里，在众目睽睽之下，一举一动都关乎你的礼仪修养。

等候电梯时

当电梯人数超载时，如果你站在最外面，应主动退出，等下一趟，不要心存侥幸，非进去不可。

1. 离开无人控制的电梯时，陪同人员应指引客人先出，并控制好按钮。

2. 进入无人控制的电梯时，陪同人员应先进入电梯，按好按钮请客人进入。

出入电梯时

与不相识者同乘电梯，进入时讲究先来后到，出来时则应由外而里依次而出，保持秩序，不可争先恐后。与熟人同乘电梯，尤其是与长辈、女士、客人一起时，出入顺序应视具体情况而定。

出入有人控制的电梯

陪同者应后进后出，让客人先进先出。把选择方向的权利让给客人，这是基本规则。当然，如果客人初次光临，对地形不熟悉，还是应该为他们指引方向。

出入无人控制的电梯

陪同人员应先进后出，并控制好按钮。电梯在楼层停留的时间一般设定为 30

秒或者45秒。有时客人较多，后面的客人来不及进入电梯，所以陪同人员应先进电梯，控制好开关钮，让电梯门保持较长的开启时间，避免给客人造成不便。如果有个别客人迟迟未进入电梯，影响了其他客人，在公共场合也不应该高声喧哗，可以利用电梯的唤铃功能提醒他。

　　快到你要去的楼层时，应提前和前面的人打招呼，说声"对不起，我要出去"或者"对不起，借过一下"。站在电梯门口的人为了不妨碍里面的人出去，也可以先走出电梯让出空间。

电梯里

电梯里的站位

　　电梯空间狭小，进电梯后如何站位，也有讲究。电梯只有一个出入口，进了电梯按过楼层按钮后，应靠另一边站位，不要堵在门口，自然形成 U 形进出流通线路，秩序便会井然。进门后应面向电梯门站立，尽量不与人面对面站立。

　　如果电梯里人很多，自己的位置不方便按楼层按钮，可以对靠近电梯门的人说："请您帮我按下某层的按钮。"别人帮你按了之后，你应该表示感谢。

　　电梯里也有上座和下座。上座是最舒适、视野最好、最尊贵的位置。电梯里越靠里面的位置越尊贵。因此，电梯的上座是电梯操

电梯里的站位，应自然形成 U 形。

作板一侧最靠后的位置，下座是最靠近操作板的位置。电梯内辈分最低的人应站在操作板旁边，负责按楼层按钮。

电梯里的礼仪

在电梯中，有外人同乘时，尽量少说话。在电梯里不要议论公事或私事。如果必须谈话，也要注意内容及音量。如果你站的位置靠近电梯按钮，不妨主动轻声询问其他乘客："您要到几楼？"

高峰时段，在可以承载的范围内，尽量让未进入电梯的乘客进入，以节约大家时间，不要一味按关门。

电梯内不要吸烟，不要当众对镜整装。

最好摘掉帽子，调低耳机音量，尽量不在电梯里大声打手机影响别人。

不小心碰到别人，应立即致歉。

避免过度使用香水和吃气味刺激的食物。

男士在电梯里抓头皮，女士在电梯里捂领口，也会让人生厌。

如何得体自如乘电梯

社会心理学对人的心理空间进行过研究，陌生人之间的距离要保持在 1.2 米之外，才不至于引起人的不安感。0.5 米到 1.2 米之间，是朋友之间的距离。亲人、恋人之间的距离最近，为 0.5 米以内。如果贸然突破相应的距离，会引起人的不安、反感和戒备。电梯内的空间已经将人拉至朋友甚至亲人之间才能容许的距离，感到不安是正常的。如果遇到半生不熟的人或上司与你一同搭乘电梯，切忌回避，应礼貌地问好，身体挺直，全程保持微笑，让人感觉你精神饱满、心态平和。

乘坐自动扶梯

　　应靠右侧站立，空出左侧通道，以便让有急事的人通行。应主动照顾同行的老人与小孩踏上扶梯，以防跌倒。如需从左侧急行通过时，应向给自己让路的人致谢。

二、交通出行：文明乘驾让旅途更愉快

　　古人常说"行路难"，在现代社会，难的不再是行路过程中遇到的各种艰难险阻，而是出行中会遇到各种各样的人，需要以不同的礼节交流应对。

乘车

　　轿车是商务活动中最常见的交通工具。乘坐轿车的礼仪，包括座次与礼待他人两个方面。而轿车类型不同，乘车时座次的排列也大为不同。

谁先上下车

　　一般情况下，上下轿车时，应该让客人先上车，后下车。主方／男士最好主动为客人／女士打开右侧后门，让客人上车。并以手背挡住车门上框，防止客人碰到头，同时提醒客人小心，客人坐好后再关门。抵达目的地后，主方应首先下车，下车后为客人打开车门，仍以手挡住车门上框，协助客人下车。

　　轿车抵达目的地时，若有门童或专人恭候并负责拉开轿车的车门，这时客人可以先下车。

如果很多人坐一辆车，谁最方便下车谁就先下车。

优雅的上下车姿势

在迎送者的目光注视下上车，如果弯着腰，头先往车里钻，屁股朝着迎送的人，显得十分不雅。男女都适用的优雅上车方式为"背入式"，即：将身体背向车厢入座，将双脚同时收进车内浅坐在座位上，膝盖收拢转向前方，腰部倚着靠背，关上车门。

下车的情况和上车相反，先把门打开，转过腰，让双脚稳稳着地，然后将身体伸出车门，就可以下车了。记住一个口诀："脚先头后"。

女性上下车姿势

上车时仪态要优雅，姿势应该为"背入式"，即将身体背向车厢入座，坐定后将双脚同时收进车内（如穿长裙，应在关上车门前将裙子整理好）。下车时应将身体尽量移近车门，一脚踏出车外将身体重心移到这只脚，再将整个身体移离座位，最后踏出另一只脚（如穿短裙则应将两只脚同时踏出车外，再将身体移出，双脚不可一先一后）。

车上的交谈

与上司同车

与上司出差坐车或等着拜访客户时，要看情况说话。如果他在阅读公文，就等他开口再搭腔。当他的视线又移回文件上，就让他专心工作，不再多谈。

与客户同车

与客户同车时需要闲聊。上车坐定，车速正常后，可以找个话题来聊。如果是接客人，可以问问他旅行是否顺利，并告之随后的行程安排。如果是送客人，则关

| 1 | 2 |
| 3 | 4 |

1.2.3.4. 女士背入式上车步骤。

心一下客人下一站的情况，表示欢迎客户再次来访。

汽车的座次

普通轿车的座次

轿车前排，特别是副驾驶座，是车上最不安全的座位。因此，按照惯例，该座位不宜请嘉宾、长者、女性或儿童就座。但是，我们必须尊重客人对轿车座次的选择，即使他坐错了位置，也不要轻易指出或纠正。

双排座或三排座轿车

由车主亲自驾驶轿车

这种情况下，双排五座轿车上其他四个座位的座次，由尊而卑依次为：副驾驶座、后排右座、后排左座、后排中座。

三排七座轿车上其他六个座位的座次，由尊而卑依次为：副驾驶座、中排右座、中排中座、中排左座、后排右座、后排中座、后排左座。

当主人亲自驾车时，若一个人乘车，则必须坐在副驾驶座上，以示相伴；若多人乘车，则必须有一个人在副驾驶座上就座，不然对主人很失敬。

如果驾驶者的夫人同车，应坐在副驾驶座上；两对夫妇同车，如果由男主人驾车，另一位男士应坐在副驾驶座上，不宜与自己的夫人坐在后座。

由专职司机驾驶轿车

在这种情况下，双排五座轿车上其他四个座位的座次，由尊而卑依次为：后排右座、后排左座、后排中座、副驾驶座。

但也有特例，当接送高级官员、知名公众人物时，此时应考虑他们的安全和隐私，他们应坐在司机后方座位，也被称作 VIP 位置。

三排七座轿车上其他六个座位的座次，由尊而卑依次为：后排右座、后排左座、后排中座、中排右座、中

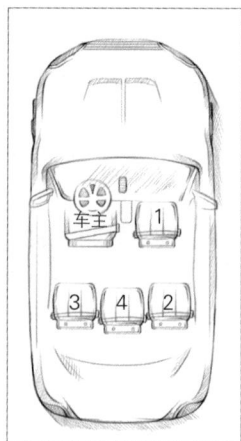

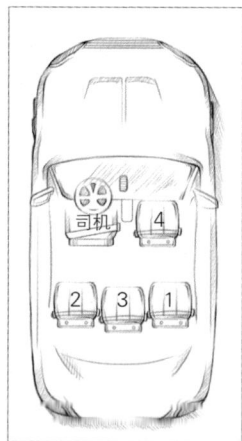

1. 由车主驾驶的双排五座轿车的座次。
2. 由专职司机驾驶的双排五座轿车座次。

排左座、中排中座副驾驶座。

三排九座轿车上其他八个座位的座次，由尊而卑依次为：中排右座、中排中座、中排左座、后排右座、后排中座、后排左座、前排右座、前排中座。

越野车的座次

乘坐越野车时，不论由谁驾驶，驾驶员身旁的副驾驶座为上座。车上其他的座次，由尊而卑依次为：后排右座、后排左座、后排中座。

越野车功率大，底盘高，安全性也较高，通常后排比较颠簸，而前排副驾驶的视野和舒适性最佳，因此为上座。观光电瓶车的座次安排同越野车。

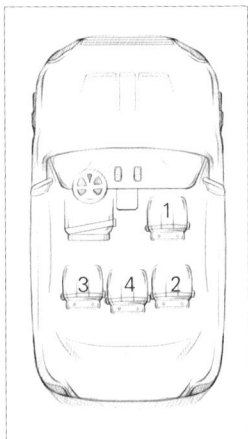

越野车的座次。

大中型轿车的座次

乘坐四排座或四排座以上的大中型轿车时，以距离前门的远近确定座次，离前门越近，座次越高。在各排座位中，又讲究"右高左低"。可以简单归纳为：由前而后，自右而左。此类车的上座，根据乘客的乘坐舒适性和上下车便利性确定，上座为车辆中前部靠近车门的位置。

例如，女职员与上司及夫人一同坐车，由上司本人驾车，上司夫人应坐在前座。如果中途上司夫人下了车，你应该怎么办？女职员通常认为："我单独跟上司在一起，还是要避嫌，坐远一点好。"错。你应转换到副驾驶座上。因为如果上司在前面驾车而你坐在后座，上司便成了你的司机。

如果是女士驾私家车，接送一位先生和一位女士，又该怎么坐呢？这时，因为是女性驾车，所以应该由男士坐在她旁边，女士坐在后座。

　　司机送本公司经理及另一位主任，应该怎么坐？经理肯定坐后座，但主任该怎么办呢？这主要看主任平时有没有权预订车子自用，如果有，那么他平时可能坐后座，现在和经理在一起，他也应该跟经理一起坐在后座，而让副驾驶座空着。如与经理同行的是他的助理，助理平时是不可预订车子自用的，他便应坐副驾驶座。因为，助理和司机是平级关系，所以他应该和司机同坐前座。

　　助理和经理一同去外地出差，酒店的车子接他们去酒店，助理是否应坐前面呢？不，这次又不同了，现在两人都是酒店的客人，两人都应坐在后座。

　　归根结底，在车上如何排座主要看你和司机的关系。

乘坐飞机

安静有序地等候

　　在候机室等候登机时，应保持安静。在通知开始登机之前，不要拥堵在登机口，

应该找座位坐下等候。不要把自己的物品放在身边的座椅上，尤其是人多的时候，行李不能占据供乘客休息的座椅。

注意乘机安全

飞行时务必遵守安全乘机的各项规定。飞机起飞或降落时，一定要自觉系好安全带，并且收起面前的小桌板，同时将座椅调直。

当飞机颠簸时，要将安全带系好，切勿自行站立、走动。

不少手机都有飞行模式功能，但实际上即使手机调到"飞行模式"，飞机无线电信号照样有可能会受到干扰。因此目前国内的航空公司是明令禁止飞机起降期间使用手机的，拥有飞行模式的手机也不例外。

乘机时不要妨碍他人

上下飞机时，要对空乘人员点头致意，注意依次而行。

上机后，应该对号入座。坐卧的姿势以不妨碍他人为准。

如果感到闷热可以打开座位上方的通风阀，也可以脱下外衣。切忌打赤膊。更衣需去洗手间。

不要在飞机上吐痰、吸烟。享用免费食品也要量力而行，不要抱着不吃白不吃的心理。与他人交谈时，说笑声切勿过高。呕吐时，务必使用专用的清洁袋。

对待空乘人员，要理解与尊重，不要蓄意滋事，或向其提过分要求。遇到飞机误点或改降、迫降时不要紧张，更不能向空乘人员发火。

在飞机上放置自己随身携带的行李时，与其他乘客要互谅互让。不要把腿脚乱伸乱放或是将座椅调得过仰，这样容易妨碍到后面的人。当你打算把椅背向后调时，记得先向后座的人告知一声："不好意思！"

可以带一双干净的拖鞋，即能舒适地享受旅程，又不致影响别人。

如果你的邻座有人，看报时就不要完全展开，翻页时也应动作轻缓，避免发出很大声音。可以把报纸折叠成杂志大小的方块，既不妨碍他人，拿在手上也很轻便。

机上用餐

在飞机上用餐时，要将座椅靠背复原。多年的经验告诉我，坐飞机时最好别喝酒，因为机舱内空气干燥，氧气少，而胃里的酒精需要消耗更多氧气，会给身体增加负担。在乘长途飞机时，应多喝水。这样，当你下飞机的时候会感觉好一点。

飞机上与邻座交谈的禁忌

长途旅行很容易感到无聊，想找人聊天打发时间是很自然的。跟身边的乘客可以打招呼或是稍作交谈，但不应影响到对方休息。当身边的人专注于某件事时，不管是在工作、看报、读书还是沉思，都不该打扰对方。如果对方对你的话题缺乏兴趣，应该打住。

不要盯视、窥视素不相识的乘客，也不要谈论令人不安的劫机、撞机、坠机等事件。

下飞机

总能看到有人在飞机还没有完全停稳之前就站起来拿行李，请不要这样做。如果此时飞机正好颠簸或突然停下，行李很有可能滑落，你也有可能摔倒，甚至让别的乘客受伤。为避免这种情况，请耐心等飞机停稳再起身。

三、入住酒店：讲究言行举止体现素养

不论是出差或旅行，我们都会入住宾馆酒店，但酒店并不是自己的家，它只是一个暂时租用的地方。所以有些规定和礼仪一定要注意，这样才能体现你的素养。

提前预约房间

　　需要住酒店的时候，最好提前用电话预约。预约时，告诉酒店服务员准备哪天入住、住几天、需要什么样的房间、申请人的姓名、到达酒店的大概时间，并问清房价。万一会比预订时间晚到，为避免房间被取消，要尽快打电话通知酒店。如果要取消房间，要及时打电话取消，方便酒店把房间让给别人。

入住酒店

登记

　　进入酒店大堂后，应该先到前台登记。如果你带了大量行李，门童会帮助你搬运行李，有的国家需要给门童付小费，金额的多少根据酒店的星级、行李的多少及他们的服务态度而定。

谢过为你服务的门童之后，就可以登记入住了。如果前面有正在登记的客人，你应该静静地按顺序等候。等候时与其他客人保持一定距离，不要贴得太近。

出入房间时的顺序

如果没有特殊原因，出入房间时应该是位高者先进先出。如果有特殊情况，比如需要引导、室内灯光昏暗、男士女士两个人单独出入房间时，这时标准的做法应该是接待人员先进去，为客人开灯、开门，出的时候接待人员也先出去，为客人拉门引导。

文明对待酒店房间

酒店房间并不是你的私有财产，对待房间的态度很容易体现你的修养。

废弃物要扔到垃圾筐里。在洗手间，不要把水弄得到处都是。沐浴时，把围帘的下部放在浴缸里面，这样水就不会流到浴缸外面把地板弄湿。

如果你要连续住上几天，可以留一张纸条给客房服务员，告诉他们床单和牙刷不必每天都换。

看电视时，请选择合适的音量，以免影响其他房间的客人，尤其是夜间看电视更要注意。

在房间用餐完毕后，要用餐巾纸将碗、碟擦干净，然后放在客房外的过道上，方便客房服务员收拾。

注意衣着形象

大厅和走廊是酒店的主要公共场合，在这些地方，不要大声说话吵闹，也不要乱跑乱跳。不要表现得像在自己家中一样，更不能穿着睡衣或浴衣转来转去。

会客不宜超过 23 点

在酒店与朋友或客户会谈应该注意时间，会客时间太晚是不适宜的，一般不要超过 23 点。

离店的礼仪

洗发膏、牙刷、肥皂、信封、信纸之类的小用品可以带走，但毛巾或烟灰缸不能拿走，这是酒店的财产。酒店对物品的管理非常严格，如果你随便拿走东西，会导致尴尬的局面，并为此付款。

如果不小心弄坏了酒店的物品，不要隐瞒抵赖，要勇于承担责任并加以赔偿。

四、洗手间内：礼仪细节反映文明程度

洗手间是我们使用极为频繁的地方，公共场所的洗手间是众人共享的，所以在使用时需要格外留意，以免影响下一位使用者。

排队

不论男士或女士，在洗手间全被占用时，后来者必须排队。排队的方法，是在整排的洗手间最靠外处依序排成一排，一旦其中有某一间空出来，排在第一位的人拥有优先使用权。这是比较科学的排队方式，比每个人各自排在某一间门外，有点赌运气的方式更合理。

使用

如果需要确认洗手间里内是否有人，可以轻轻敲门，切忌贸然拉门。如果你在门内，听见有人敲门，应回答："已经有人了！"或"Yes（我在里面）！"

洗手间最忌讳肮脏，所以在使用时请尽量小心，若有污染也尽可能加以清洁。

卫生巾等用品千万别顺手扔入马桶中，以免造成马桶堵塞。其他不良行为，如蹲在马桶上，大量浪费卫生纸等，都是极为不妥的行为。总之，心中为下一位使用者想一想，很多事你都不会再做了。

言谈

和同事一起处理棘手问题或开会之后，都有可能意犹未尽，自然而然地在洗手间和同事继续交谈。这时，要注意洗手间是公共场合，不要在这里谈论公事或议论别人。

不要长时间使用火车上的洗手间

坐火车出差，经过一夜的休息快要到达终点时，人们最需要的就是使用洗手间。在公共洗手间只应做简单的洗漱，比如刷牙、洗脸。女性如果需要化妆，可以在自己的座位上进行。男性可以提前一天在家里刮胡须。总之，我们都应多为他人着想，注重在公共场所的行为举止。

儿童使用洗手间

儿童一般可以和父亲或母亲一起使用洗手间，但不成文的规定是，母亲可以带着小男孩一起上女洗手间，而父亲则不可以带小女孩上男洗手间。

鸣 谢

封面造型：北京百立人教育咨询有限公司

封面化妆：任　立

摄　　影：贾云龙 马玉鸣

模　　特：郭家诺 黄丽静雯 林　珑

图片提供：东方 IC

插　　图：刘　洋

场地提供：北京金铂麟酒店管理有限公司

穿出你的影响力
晓梅说高端商务形象
（女士篇）

穿出你的影响力
晓梅说高端商务形象
（男士篇）

全方位做女人
晓梅说美颜

晓梅说商务礼仪

晓梅说礼仪
（典藏版）

全方位做女人
晓梅说塑身

穿出你的品位

戴出你的格调

微信号
meihaoyuedu

有一条裙子叫天鹅湖　　**亲爱的，你要更美好**

成就最美好的自己
黑玛亚身心灵美丽策划书

让我发现你的美
黑玛亚形象设计手记

我的衣橱经典
高端形象顾问的穿衣智慧

每个女人都有一颗爱美之心，追求美丽，是女人的天性。

美丽，也从来不是一件肤浅的事。

美丽，是一种人生态度，是一种生活方式，你怎样对待自己的容颜和身体，你也会怎样对待你的生活。无论处在人生的哪个阶段，女人都要对自己的容颜、身材、气质和心灵的丰盛负责。

中青时尚系列，专为追求美好品质的中国女性创立，我们力求选择一流的作者、一流的原创内容，题材涉及身、心、灵各个方面：美颜塑身，形象装扮，仪表礼仪，魅力修养，心灵成长等，以期通过这些美好的书，帮助女性朋友多方面、多层次完善成长。

我们也希望，这个系列，不仅仅停留在技术和知识层面，而是通过阅读，帮助女性朋友不仅懂得怎样去做，更能明白为什么要这样做；不仅掌握具体的扮美方法，还有助于塑造属于女人的世界观——身心灵内外兼修，做最美好的自己。

来吧，让我们一起开启这美好的阅读之旅！

中青时尚策划人　李凌

图书在版编目（CIP）数据

晓梅说商务礼仪 / 张晓梅著 . —北京：中国青年出版社，2014.6
（张晓梅美育系列）
ISBN 978-7-5153-2467-8

Ⅰ . ①晓… Ⅱ . ①张… Ⅲ . ①商务—礼仪—基本知识　 Ⅳ . ① F718

中国版本图书馆 CIP 数据核字（2014）第 109360 号

晓梅说商务礼仪

著　　 者：张晓梅

责 任 编 辑：李　凌　彭宇珂

整 体 设 计：门乃婷工作室

出 版 发 行：中国青年出版社

（北京东四 12 条 21 号 邮编 100708）

网　　　址：www.cyp.com.cn

编辑部电话：010-57350520

门市部电话：010-57350370

承 　印 　者：北京顺诚彩色印刷有限公司

经　　　销：新华书店

开　　 本：710mm × 1000mm 1/16　　印　张：13　　字　数·180 千字

版　　 次：2014 年 8 月北京第 1 版　　印　次：2014 年 8 月北京第 1 次印刷

定　　 价：38.00 元